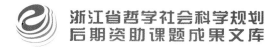
浙江省哲学社会科学规划
后期资助课题成果文库

中国要素收入分配导向及评价研究
——基于人力资本的积累与回报

Zhongguo Yaosu Shouru Fenpei
Daoxiang Ji Pingjia Yanjiu

李雪艳 著

中国社会科学出版社

图书在版编目（CIP）数据

中国要素收入分配导向及评价研究：基于人力资本的积累与回报／
李雪艳著 . —北京：中国社会科学出版社，2019.4
ISBN 978-7-5203-4384-8

Ⅰ.①中⋯ Ⅱ.①李⋯ Ⅲ.①人力资本–影响–收入分配–研究–中国
Ⅳ.①F124.7

中国版本图书馆 CIP 数据核字（2019）第 088608 号

出 版 人	赵剑英	
责任编辑	李庆红	
责任校对	季　静	
责任印制	王　超	

出　　版	中国社会科学出版社	
社　　址	北京鼓楼西大街甲 158 号	
邮　　编	100720	
网　　址	http：//www.csspw.cn	
发 行 部	010-84083685	
门 市 部	010-84029450	
经　　销	新华书店及其他书店	

印　　刷	北京明恒达印务有限公司	
装　　订	廊坊市广阳区广增装订厂	
版　　次	2019 年 4 月第 1 版	
印　　次	2019 年 4 月第 1 次印刷	

开　　本	710×1000　1/16	
印　　张	14	
插　　页	2	
字　　数	191 千字	
定　　价	68.00 元	

凡购买中国社会科学出版社图书，如有质量问题请与本社营销中心联系调换
电话：010-84083683

前　言

　　改革开放以来，我国经济飞速发展，世界瞩目，但与此同时，经济增长中的结构性矛盾也日趋凸显，特别是收入分配领域，分配结构严重扭曲，无论要素分配结构、主体分配结构、市场分配结构还是居民内部的分配结构，都严重失衡。由于初次分配基本决定了最终的分配格局，而初次分配中的要素分配又在很大程度上决定了人际分配格局，因此，要解决收入分配问题，还必须从要素收入分配入手。

　　从要素收入分配结果看，我国劳动收入份额持续下降、资本收入份额持续攀升的现象说明我国目前的要素收入分配导向侧重于激励物质资本积累，这是由我国各阶段的产业发展战略所决定的。长期以来，我国依靠低劳动力成本优势，以发展劳动密集型产业为主，这一产业特征导致了收入分配上重资本、轻劳动。在知识经济背景下，我国提出要转变经济发展方式，提升产业结构的发展要求，在这一背景下，人力资本成为推动产业升级的主导要素，因此，新的产业发展策略要求人力资本成为分配激励的导向。

　　本书聚焦于初次分配领域中的要素收入分配，论证分配导向与产业特征的内在关联，论证在知识经济背景下，特别是在我国经济发展方式转变和新的产业发展战略目标的要求下，人力资本成为新的经济增长源泉和产业升级的主要推动力，以人力资本为导向可以实现收入分配的"公平"与"效率"兼容；论证人力资本导向实现的关键在于人力资本提升与产业结构优化的动态匹配。进一步地，对我国目前的分配导向作出客观评价，给出了中国要素收入分配导向改革的困境、重点方向与具体的对策建议。

全书共分七章。除导论（第一章）和结论（第七章）外，主体部分论证了如下内容：（1）综述收入分配经典理论的演变与发展，从中发现，分配导向是收入分配理论研究的核心问题（第二章）。（2）梳理了我国要素收入分配导向的变迁历程，从中发现，我国各阶段收入分配导向的制定是服务于产业发展目标的（第三章）。（3）根据收入分配理论与我国要素分配导向演变的启示，论证了在经济发展方式转变的背景下，我国要素收入分配的目标导向在于人力资本，人力资本导向下的分配可以实现"公平"与"效率"兼容，并进一步论证要素收入分配目标导向实现的关键在于人力资本提升与产业结构优化的动态匹配（第四章）。（4）对我国目前要素收入分配导向进行实证评价，以判断我国目前是否存在激励人力资本积累的动力。由于人力资本回报直接影响人力资本积累的动力和能力，因此，第五章基于人力资本回报对我国现有的分配导向进行实证评价，在评价方法的选择上，本书采用了差分回报法分别从静态和动态层面对我国人力资本回报及其分布，人力资本与物质资本回报相对差异进行了估算（第五章）。（5）提出我国收入分配导向改革的困境在于当前人力资本投资回报预期较低，不利于人力资本积累，而改革的重点则在于打破行业垄断和进行人力资本有效积累，并有针对性地提出了对策建议（第六章）。

本书的主要研究结论有：

（1）在转变经济发展方式的要求下，要素收入分配的人力资本导向使收入分配的效率与公平实现兼容。关于收入分配中公平和效率之间的关系，学界多数赞成"冲突论"，认为效率和公平是不可兼得的，强调效率必然牺牲公平，反之亦然。本书则从经济发展方式转变入手，论证了在人力资本成为经济增长主导要素的前提下，分配的"公平"和"效率"可以兼容。

（2）人力资本分配导向的实现关键在于人力资本提升与产业结构优化的动态匹配中。本书通过罗伯津斯基定理及其推论论证了要素结构升级与产业结构优化的动态匹配关系，指出人力资本、特别是异质性人力资本对产业结构提升具有先导作用，能有效推动产业结构升级，并在与产业结构提升的互动匹配中实现共同提升，促进经济长期增长，并进一步通过文献实证数据印证了这一观点。

（3）我国收入分配导向应转向人力资本，特别是异质性人力资本。人力资本有效积累是促进收入分配导向转变的落脚点，而人力资本积累的动力和能力则来源于人力资本回报，因此，要推动人力资本有效积累，必须以提高人力资本回报为前提，我国收入分配应更加注重激励人力资本，以人力资本激励为导向。

（4）无论从静态层面还是动态层面的实证结果看，我国现有的要素分配是以物质资本为导向的，这主要是因为我国目前的增长方式是粗放型的增长方式，产业发展层次较低，因而更多的是依靠物质资本投入推动的。要转变经济发展方式，改善经济结构，提升经济效益，必须转变收入分配导向，使收入分配侧重于激励人力资本，特别是异质性人力资本，从而有效促进要素结构升级和产业结构优化，实现要素合理回报与经济持续增长的共赢。

（5）由于我国目前人力资本相对回报过低，无法形成激励人力资本积累的动力和能力，从而也就无法实现人力资本提升与产业结构优化的互动匹配，这正是我国要素收入分配导向改革亟待突破的困境。本书认为，人力资本形成合理的投资回报预期，需要以人力资本有效积累为基础，以打破行业垄断为条件。中国要素收入分配导向改革的重点在于破除行业垄断，促进人力资本有效积累。具体措施可以从打破行业垄断、大力发展服务业、提倡差异化教育、优化人力资本流动环境、废除限制人力资本流动的制度性障碍、关注不同层次的人力资本收入差异等方面着手进行。

本书的创新体现在以下几个方面：

（1）论证了在知识经济和发展方式转变的背景下，以人力资本为收入分配导向可以实现收入分配效率与公平的兼容。本书从经济发展方式转变入手，论证了在人力资本成为经济增长主导要素的前提下，收入分配的公平和效率可以兼容，这就为实现持续增长和分配公平的共赢提供了理论基础。

（2）论证了人力资本导向实现的关键在于人力资本提升与产业结构优化的动态匹配。对于要素分配结构失衡问题的解决，学界主要存在两种观点：一是根据人力资本理论，主张通过提升人力资本，从而提升劳动者创造收入的能力来解决；二是主张通过推动产业结构升级，提高要素需求质量来解决。然而这两条路径实际上是互为前提的，一方要求的实现都要求另一方先作出改变，二者形成一个循环，提高人力资本或提升产业层次均无法单独实现。而本书从人力资本提升与产业结构优化的动态匹配中寻求要素分配目标导向转变的实现路径，在要素供给与要素需求的匹配中推动分配目标导向的转变。

（3）对我国人力资本的宏观回报作出估算。人力资本在微观层面的回报及回报率是经济学研究的一个热点，但是在人力资本宏观回报的估算方面则比较欠缺，学界几乎没有涉及。虽然劳动收入份额法也在一定程度上可以反映出人力资本回报的大致情况，但它只能反映人力资本一年回报与 GDP 的比例关系，无法体现人力资本积累与收益的长期性，更无法估算出人力资本回报的绝对数值。内部收益率法则恰好可以体现人力资本积累与收益的长期性特征，但由于缺少数据支撑，学界并未采用这种方法对人力资本回报作出估算实践。本书从人力资本存量估算的理论依据和估算技术中寻找到用内部收益率法估算人力资本宏观回报的数据来源，并对内部收益率法作出适当修正（将其称为"差分回报法"），进一步地，在此基础上对我国人力资本宏观回报及其回报率作出了估算。为坚持可比性，对物质资本宏观回报的估算也采取了相同的方法，并对人力资本与物质资本回报相对差异及其变动进行了比较。将差分回报法应用于人力资本与物质资本宏观回报估算，既是本书的一个创新，也是本书的一个难点，对于估算中可能存在的误差，本书也作了简要说明。

目　　录

第一章

导　　论

　　中国劳动收入份额持续下降、资本收入份额持续上升的现象说明我国要素分配是以激励物质资本积累为导向的，这是由我国各阶段的产业发展战略所决定的。长期以来，我国依靠低劳动力成本优势，以发展劳动密集型产业为主，这一产业特征导致了收入分配上重资本、轻劳动。在知识经济背景下，我国提出要转变经济发展方式，提升产业结构的发展要求，人力资本成为推动产业升级的主导要素，因此，新的产业发展策略要求人力资本成为分配激励的导向。本书聚焦于初次分配领域中的要素分配，论证要素分配导向与产业特征的内在关联，论证在知识经济背景下，特别是在我国经济发展方式转变和新的产业发展战略目标的要求下，人力资本成为新的经济增长源泉和产业升级的主要推动力；以人力资本为导向不仅可以实现分配的公平与效率兼容，还可以使经济增长在人力资本提升与产业结构优化的动态匹配中实现；人力资本应成为我国收入分配激励的导向，进一步对我国目前的分配导向作出客观评价。

第一节　问题的提出

一　研究背景

　　改革开放以来，我国经济飞速发展，2010年城镇居民实际

人均可支配收入和农村居民实际人均纯收入分别是 1978 年的
9.7 倍和 10.9 倍。[①] 然而，经济增长的成果并没有让全体居民公
平地分享，我国收入分配出现诸多问题，分配结构严重扭曲，无
论是要素分配结构、主体分配结构、市场分配结构还是居民内部
的分配结构，都严重失衡。由于初次分配基本决定了最终的分配
格局，而初次分配中的要素分配又在很大程度上决定了人际分配
格局[②]，因此，要解决我国收入分配结构失衡问题，还应从初次
分配中的要素收入分配入手。

从要素收入分配结构看，近年来呈现劳动者报酬持续下降，
而资本报酬比重却持续攀升的现象，我国劳动收入份额由 1996
年的 53.4% 下降到了 2009 年的 46.6%（根据历年《中国统计年
鉴》计算），而资本收入占 GDP 的比重由 1996 年的 32.2% 上升
到 2007 年的 46.1%（周明海等，2010a）。

从上述分配结果看，我国收入分配制度[③]更倾向于激励物质
资本积累，物质资本对于促进我国经济增长确实发挥了很大作
用，但研究表明，适度的收入差距对经济增长起到激励作用，但
严重的收入不平等导致社会冲突，反过来会阻碍经济增长
（Deininger and Squire，1996；王少平、欧阳志刚，2007）。在经
济停滞的情况下，贫困和收入不平等问题更加难以解决，如同在
南部非洲和某些拉丁美洲国家发生的那样，陷入所谓"拉美陷
阱"（王小鲁、樊纲，2005）。虽然有研究认为收入差距和经济
增长正相关（陈宗胜，1994），但多数研究也表明，我国目前的
收入差距已成为经济可持续发展的重要障碍（权衡，2002；尹

---

① 资料来源于《2010 年国民经济和社会发展统计公报》及《中国统计年鉴 2010》。

② 根据罗长远（2009a）引用的 Daudey 和 Garcia-Penalosa 的研究，要素间收入差距提高会
显著恶化人际收入分配格局，这意味着，在过去 10 多年间，中国人际收入差距拉大可能与要素收
入分配失衡有关。

③ 根据新制度经济学的观点，制度具有激励作用，收入分配作为一种制度，具有激励要素
所有者进行要素积累的作用，收入分配注重激励哪一种要素，就会在分配上向该要素倾斜，赋予
该要素更高的回报，因此，从要素回报可以看出分配制度的激励导向。

恒、龚六堂、邹恒甫，2005；李实、赵人伟等，1999；胡兵、胡宝娣、赖景生，2005；杨俊、张宗益、李晓羽，2005）。随着初次分配中劳动者报酬与资本收入报酬比重失衡问题日趋严重，社会各界要求收入分配优化、提高劳动者报酬的呼声越来越高，于是学界纷纷从不同角度（产业结构优化、人力资本提升、教育扩展等视角）提出措施解决要素分配失衡问题。

从要素收入分配结果看，物质资本相对人力资本获得了更高的回报，这意味着我国目前的分配导向更侧重于激励物质资本积累，这是由我国各个阶段的产业发展战略决定的。长期以来，我国依靠低劳动力成本优势，以发展劳动密集型产业为主，这一产业特征导致了分配上重资本、轻劳动的现象。在知识经济背景下，我国提出要转变经济发展方式，提升产业结构的发展要求，在这一背景下，人力资本成为推动产业升级的主导要素，因此，新的产业发展策略要求人力资本成为分配激励的导向。

本书聚焦于初次分配领域中的要素分配，论证要素分配导向与产业特征的内在关联，论证在知识经济背景下，特别是在我国经济发展方式转变和新的产业发展战略目标的要求下，人力资本成为新的经济增长源泉和产业升级的主要推动力，以人力资本为导向可以实现分配的公平与效率兼容；论证人力资本导向的实现关键在于人力资本提升与产业结构优化的动态匹配；并进一步对我国目前的分配导向作出客观评价。

二　研究意义

收入分配是经济学理论的主要问题之一，其重要性不仅在于其说明了经济体系中的各经济利益主体之间的利益关系，更主要的是它反映出这种经济利益关系背后的各种决定因素，李嘉图（1821）甚至将收入分配列为政治经济学的主要问题，可见收入分配问题在经济学理论中的重要地位。古典、新古典、凯恩斯、新剑桥学派、新制度经济学派、马克思等的研究均显示出按生产要素贡献参与分配的基本依据，分配导向的变化体现了推动产业结构升级和经济增长的主导要素的变化，在分析方法上，则体现了制度分析的重要性，在各要素分配数量的规律上，则均认为应随着经济增长提高劳动报酬。本书对于分配导向的研究旨在揭示分配导向变动的内在逻辑和动力，进而为我国分配激励的目标设定和现有激励导向作出评判。本书研究的理论意义在于：（1）坚持制度分析的方法，收入分配相关理论研究方法的演变显示出制度分析的重要性，且收入分配作为一种激励制度，对其激励导向作出目标设定和评价自然离不开制度分析，从这个层面上讲，吸收了新制度经济学分析方法的合理性，有利于继承和发扬新制度经济学的分析方法；（2）提出了收入分配激励导向的设定应具有目标性，并根据分配理论和分配实践的演变逻辑提出分配激励的目标，为判断分配激励导向是否偏离目标提供了参考。

收入分配不仅是经济学理论研究的重要课题，现实生活中的分配问题也无处不在，目前我国分配结构严重失衡的局面将严重制约经济的可持续发展，不利于发展方式转变和国家的长治久安，因此，研究分配激励导向问题，从而基于激励目标制定合理的激励导向，有利于化解当前的分配难题，促进分配合理与持续增长的共赢，具有很强的现实意义：（1）有利于化解目前我国收入分配结构严重失衡的局面，为促进收入分配结构优化与经济持续增长的共赢提供了契机；（2）本书的研究有利于提高劳动者报酬，从而从优化消费结构和提升人力资本积累水平两条路径推动产业升级，转变发展方式，促进高水平就业。

第二节   国内外研究动态

收入分配一直是经济学研究的一个重要问题，特别是在我国目前收入分配结构严重失衡的现实条件下，众多学者对我国收入分配偏重于激励物质资本积累的导向问题进行了研究，综合起来，主要集中在以下四个方面：关于分配导向评价方法的研究；关于分配导向成因的研究；关于分配导向演变趋势的研究；关于转变分配导向途径的研究。

一　关于分配导向评价方法的研究

众多学者认为，劳动者收入占国民收入的比例（通常称为劳动收入份额）关系到收入分配的最终格局，因此，用劳动收入份额或资本收入份额来评价一个国家或地区的收入分配导向是更侧重于物质资本激励还是人力资本激励。也有学者采用计算人力资本回报率或物质资本回报率的方法进行评价。

（一）劳动收入份额法

在我国国民经济核算体系中，按照收入法核算的 GDP 由四部分构成：劳动者报酬、生产税净额、固定资产折旧和营业盈余。劳动收入份额反映就是收入法 GDP 核算中劳动者报酬所占的比例，通常表示为 $LS = \dfrac{Y_L}{GDP - T}$。其中，$LS$ 表示劳动收入份额，Y_L 表示劳动者报酬，T 为生产税净额。由于计算劳动收入份额或资本收入份额通常是为了反映劳动和资本的相对分配关系，因此，通常将生产税净额从 GDP 中扣除。由于劳动收入份额易于理解，含义明确，因此，学界通常通过估算劳动收入份额或资本收入份额来评价劳动和资本获得的相对回报差异。但由于我国国民账户体系提供了不同数据源[①]，而不同数据源存在核算方法和统计口径不一致的情况，统一数据源的统计核算方法在不同年

---

① 在我国国民经济核算体系中，有三个渠道提供按收入法计算国内生产总值各项目构成情况：第一个渠道是投入产出表的使用表（投入表）部分；第二个来源是各省份国内生产总值收入法项目构成数据；第三个来源渠道是资金流量表的实物部分。三大类渠道的数据质量各有优劣，但根据钱震杰（2008）的研究，基于三大数据源计算的劳动收入份额结果相差不大，特别是对于劳动收入份额变动趋势判断，是没有影响的。

份也有所调整，如从 2004 年起，国家统计局将个体经营者收入从劳动者报酬计为营业盈余，造成了基础数据的波动，因此，众多学者对估算劳动收入份额的基础数据进行了比较细致的处理，以求更为客观合理地反映劳动收入份额的变动情况。

李扬和殷剑峰（2007）利用资金流量表数据计算了我国劳动收入份额的变化趋势，结果发现，自 20 世纪 90 年代以来我国劳动收入份额不断下降。

钱震杰（2008）分别基于投入产出表的使用表、国民经济核算的资金流量表的实物部分、按收入法计算的省际国内生产总值三个数据集测算了我国各年总体要素分配份额，得到了一致可比的结果，表明数据来源的选择对要素分配份额变化趋势和幅度的影响并不大，但最终都说明我国劳动收入份额确实有所下降。

白重恩、钱震杰（2009a；2009b）通过对统计核算方法的调整，基于按收入法计算的省际国内生产总值对我国劳动收入份额重新进行了核算，结果显示我国劳动收入份额仍然是下降的。

李稻葵等（2009）首先基于按收入法计算的省际国内生产总值数据计算了我国劳动收入份额，进而通过建立数理分析模型及关于跨国数据的计量分析模型，探讨国民收入初次分配的一般规律，并以此对我国收入分配政策作出评价，并提出建议。

周明海（2010；2011）则对劳动者内部收入进行了进一步划分，将整体劳动分为原始劳动和人力资本，分别估算了原始劳动收入份额和人力资本份额，研究发现，1988—2003 年我国劳动收入份额显著下降而人力资本收入份额明显上升。

龚刚、杨光（2010）用工资性收入占国民收入的比重代替劳动收入份额，在一个具有凯恩斯—哈罗德特征的非均衡宏观动态模型内，研究了工资性收入占国民收入比例的演变规律，以此评价我国分配政策。

（二）人力资本回报率法

除了用劳动收入份额评价我国收入分配政策外，也有学者通过白重恩、谢长泰、钱颖一（2007）提出的资本回报率模型来估算人力资本回报率，这在一定程度上也能反映分配政策的导向性。

如曾世宏（2009）、孙文凯（2010）等在白重恩、谢长泰、钱颖一（2007）的资本回报率模型基础上，提出了以下人力资本回报率的模型：

$$HR(t) = \frac{\mu(t)}{P_L(t)L(t)/P_Y(t)Y(t)} + \left[\hat{P}_L(t) - \hat{P}_Y(t) - \delta(t) \right]$$

其中，$HR(t)$ 为人力资本实际回报率，$\mu(t)$ 为人力资本报酬在国民收入中所占的份额即人力资本份额，$P_L(t)L(t)$ 为总人力资本，$P_Y(t)Y(t)$ 为总产出，$\hat{P}_L(t)$ 为人力资本价格变化率，$\hat{P}_Y(t)$ 为通货膨胀率，$\delta(t)$ 为人力资本折旧率。基于人力资本回报率与物质资本回报率的比较，在一定程度上也可以判断收入分配政策的导向性。

黄先海（2003、2011）则对上述模型进行进一步的改进，分析了影响资本回报率变动的因素，并分析了劳动报酬对资本回报率的影响，研究显示，劳动力素质提高从而劳动回报提高有利于资本回报率提升，这在一定程度上反映了资本与劳动收入之间的关系，可以作为评价收入分配政策的一种方法。无论人力资本回报率还是物质资本回报率，都是作为一种生产要素的回报率，通过对两种要素回报率的比较可以大致判断分配的倾向性。

二　关于我国目前分配导向成因的研究

我国对于要素分配结构失衡，从而偏重于物质资本激励问题的研究主要集中于对其成因的解释。

（一）产业结构变动

美国经济学家库兹涅茨（Kuznets）在其 1941 年的著作 *National Income and Its Composition，1919—1938*（《1919—1938 年

的国民收入及其构成》）中提出国民收入和劳动力在各产业间分布结构的演变趋势及其原因的学说，认为收入分配随产业结构演进而变化，1955 年进一步提出了著名的"倒 U 形假说"。此后，学界纷纷从产业结构演变视角研究要素分配失衡问题，主要是对劳动收入份额下降进行解释。

罗长远和张军（2009a）从产业结构变动角度研究了我国劳动收入份额变动的原因，他们认为劳动收入份额波动加剧是由产业结构变化以及产业间劳动收入份额的正相关同时变化（Co-movement）造成的。

李稻葵等（2009）以刘易斯的二元经济理论为背景，在新古典的框架下建立了二元经济中劳动力转移的数理模型，认为，随着农业部门生产率的提升，劳动力不断由传统农业部门向非农产业部门转移，产业结构的转换导致了劳动收入份额变动。

龚刚和杨光（2010a；2010b）则借助具有凯恩斯主义特征的非均衡宏观动态模型讨论我国收入份额变动情况，他们认为，劳动收入份额的下降是由过剩的劳动力供给导致的，而随着劳动力需求的不断上升，劳动收入份额下降的趋势将得到逆转。

白重恩和钱震杰（2009a）考察了 1978—2004 年中国三次产业劳动收入份额的变动趋势，利用上述方法对三大产业进行分解，发现中国总体收入份额的变动主要是由结构效应引起的。

（二）技术进步因素

Acemoglu（2002）的模型证明了有偏的技术进步导致工资差距扩大，进一步的研究显示，在贸易自由化之后，发展中国家进口的机器、设备等与熟练劳动力相匹配，这会导致发展中国家对熟练劳动力需求的增加，提高熟练劳动工人的收入，从而有可能改变分配格局（Acemoglu，2003）。

纪玉山等（2005）的研究显示，技术进步和知识资本化是造成贫富差距拉大的主要原因之一，由于我国存在大量的非熟练劳动力，不能与先进技术的需求相匹配，这不仅不利于劳动者收入提高，还可能会降低物质资本回报。因此，要解决这个问题必须发挥政府的宏观调节作用，加快技术进步的扩散进程，全面提高劳动力自身素质。

张超等（2011）认为收入分配失衡的根源在于技术进步方式的选择，只有实现自主技术创新、以"技术立国"，才能真正解决收入分配失衡的问题，从而转变经济增长方式，实现经济结构转型。

杨继军等（2009）构建了一个用以研究风险偏好对工资不平等影响的理论模型，结果表明，受收入来源多元化、资产分布多样化的影响，高技能部门生产者显示出较低的风险规避倾向，将资源更多地配置到不确定性的研发活动中，由此获得高于低技能部门的技术进步率。技术进步的这种技能偏向，必然扩大两个部门劳动者的工资差异。

（三）谈判能力

李稻葵（2009）从谈判能力角度对劳动份额下降作出了解释，他认为，随着我国国有企业改革的不断推进，资本所得者对企业盈利分配的谈判能力上升较快，因而盈利水平提高，而劳动者在企业盈利后谈判能力下降，导致了劳动收入的比重下降。

（四）国际贸易因素

Pissarides（1997）从国际贸易视角研究了收入差距的成因，指出，贸易自由化使得发展中国家可以接触到更多的先进技术，提高发展中国家技术知识的生产力水平，但由于技术的生产是熟练劳动力密集型的，因此，技术知识生产力水平的提升会导致对熟练劳动力需求的增加，扩大工资差异。

肖文和周明海（2010b）对工业细分行业的分解发现工业内部劳动收入份额在1997—2007年呈显著下降趋势，而国际贸易也是劳动收入份额出现下降的原因，出口产品资本密集度的提高将使出口收益更多地被资本获得，不利于劳动收入份额的提高。更重要的是，资本快速积累和出口结构向资本密集型产品转移，不仅会在短期内引起收入分配向资本倾斜，还会长期诱致资本偏向型技术进步发生，进一步压低劳动收入份额（Acemoglu，2002；Zuleta，2007）。

（五）政府因素

政府在收入分配中的作用主要是通过制度改革以及政策调整直接或间接影响收入分配格局。李实（2010）指出，我国居民收入差距扩大，政府的作用是主要因素，也是主导性的，并认为政府因素不是单纯的政府部门，应该是制度、政策和政府官员行为的总称。而实质上，几乎所有的制度改革和政策调整都会影响收入分配格局。

张维迎（2008）指出，其实任何一个制度，从某种意义上讲都是收入的分配制度，也就是说，社会成员以什么样的方式获得收入和财富。王小鲁、樊纲（2005）指出有一系列因素对收入差距的扩大或缩小有重要影响，包括经济增长方面的因素、收入再分配和社会保障、公共产品和基础设施，以及制度方面的因素，政府对经济的不适当干预、收入分配的非制度化和政府腐败也可能导致收入差距的扩大。赵人伟、李实（1997）把收入差距扩大的原因归结为发展因素，改革因素和政策因素，我国收入分配问题带有很强的制度色彩。

周小亮、孔令军（2010）认为我国收入分配结构失衡从体制上来讲有三大原因：一是所有制结构变革是我国当前收入差距扩大的基本原因；二是不规范的要素市场，尤其是在住房制度改革之后，土地出让制度相应发生变化，政府可以通过出让土地获得越来越多的收入；三是体制改革绩效评价的片面性，GDP导向的改革绩效评价，使小部分既得利益者获得了大部分改革收益，而广大人民群众的实际回报提高有限，甚至有所下降。

从我国财税制度变迁角度研究政府、企业和居民之间的分配是学界关注的又一视角。我国在改革开放初期，曾经一度导致国民收入向个人倾斜，李扬（1992）指出，"放权让利"的财政制度改革和工资制度改革是导致收入向个人倾斜的主要因素。戴园晨和黎汉民（1996）指出，国营企业利改税制度使得归企业支配的留利不断增多，但是由于缺乏竞争，企业对自我提升没有紧迫感，加以企业利用银行贷款进行投资还可以获得税前还贷的优惠，使得企业对留利使用向增加职工奖金福利方向倾斜，出现了工资侵蚀利润的中国经济体制改革的潜在危险。向书坚（2000）认为国企改革滞后，未形成正常的工资增长机制，致使国家让与企业的利润一部分通过各种渠道流入个人手中。以"承包制"为核心的分配制度导致企业分配关系扭曲，许多企业"负债积累"，分配却向个人倾斜。而1994年的分税制改革后，使得我国的收入逐渐向政府倾斜。

三　关于分配导向演变趋势的研究

收入分配一直是经济学研究的重要问题之一，特别是李嘉图（1821）明确提出政治经济学的主题就是研究商品在参与生产过程中土地、劳动和资本所有者的分配问题，研究随着经济增长，社会总产品在各个生产要素之间，进而在各生产要素所有者之间的分配规律。此后，许多经济学家都对收入分配的变动规律和变动趋势进行了研究。

古典经济学家主要专注于传统农业领域的收入分配问题，重点讨论土地、劳动和资本三种生产要素之间的收入分配，他们认为，劳动者由于力量单薄，资本所有者始终处于有利地位，因而分配更多收入，而劳动者只能分得生存工资，利息则作为劳动者创造剩余价值的一部分，是总收入中除去工资和地租的剩余部分，但是，在要素分配的数量方面也存在一定规律，随着经济发展，工资和地租将上涨，利润将趋于下降。

以马歇尔为代表的新古典经济学派提出了"四位一体"的国民收入分配理论，认为国民收入是由劳动、资本、土地、企业家共同创造的，国民收入应该在四个要素所有者之间进行分配，分配的数量则取决于各种要素的市场供求价格。但在马歇尔看来，"企业家"是一种更高级的要素，具有更高的生产力和要素组合能力，对经济增长的推动作用是不可忽视的，收入分配应重视对企业家的分配激励，持此观点的还有熊彼特等人。

近期对收入分配变动规律的研究多建立在实证基础上，通过数理模型分析要素间收入分配的变动规律。

李稻葵等（2009）以刘易斯的二元经济理论为背景，在新古典的框架下建立了二元经济中劳动力转移的数理模型，认为，劳动收入份额将随劳动力不断地由传统农业部门向非农产业部门转移出现先下降后上升的情况。

龚刚和杨光（2010a；2010b）则借助具有凯恩斯主义特征的非均衡宏观动态模型讨论我国二元经济结构下劳动收入份额的动态演化，他们认为劳动收入份额的下降是由过剩的劳动力供给导致的，而随着劳动力需求的不断上升，劳动收入份额的下降趋势将得到逆转，从而得到与李稻葵等（2009）研究相一致的 U 形曲线。

黄泰岩（2009）认为，我国已进入工业化转型期，新型工业化要求逐步提高劳动报酬在初次分配中的比重，因为知识经济的发展，彻底改变了生产过程中物质资本与人力资本的关系，人力资本成为经济增长的主导力量，分配上必须以人力资本为激励导向。

四　关于转变分配导向途径的研究

研究表明，严重的收入分配结构失衡将导致社会冲突，反过来会阻碍经济增长（Deininger and Squire，1996；王少平、欧阳志刚，2007），在经济停滞的情况下，贫困和收入不平等问题更加难以解决，如同在南部非洲和拉丁美洲某些国家发生的那样，陷入所谓"拉美陷阱"（王小鲁、樊纲，2005），多数研究也表明，我国目前的收入差距已成为经济可持续发展的重要障碍

（权衡，2002；尹恒、龚六堂、邹恒甫，2005；李实、赵人伟等，1999；胡兵、胡宝娣、赖景生，2005；杨俊、张宗益、李晓羽，2005）。因此，随着初次分配中劳动者报酬与资本收入报酬比重失衡问题日趋严重，社会各界要求收入分配优化、提高劳动者报酬的呼声越来越高，于是学界纷纷从不同角度提出措施解决要素分配失衡问题。

（一）促进产业结构升级

生产决定分配，这是经济学的基本原理。我国初次分配中重资本、轻劳动的现象是由我国长期依赖依靠物质资本投入的产业特征决定的。从中华人民共和国成立初期的重化工业集中发展，到改革开放时期的劳动密集型产业优先发展，劳动要素的价格一直被人为地压低，以服务于产业发展和经济增长，实际上，劳动者报酬低是由我国的产业发展特征决定的，因此，要改变初次分配中重资本、轻劳动的现象，关键在于推动产业结构升级，转变产业结构对要素结构的需求。

黄泰岩（2009）认为，提高劳动报酬在初次分配中的比重，面临最大的制约就是企业的盈利水平，这是因为劳动报酬的提高就意味着企业人工成本的提高，在我国的工业化已进入高成本时代的情况下，人工成本的大幅提高就会对一些低附加值的劳动密集型企业带来经营上的困难，因此，他主张从两方面提升产业结构：一要大力发展以信息技术产业为代表的高新技术产业；二要运用高新技术改造传统产业。

林毅夫（2010）认为，发展中国家应重点发展与其要素禀赋结构相匹配的产业，从而提供更多的经济剩余，促进生产要素的更快积累，并带动要素禀赋和产业结构的快速升级，最终实现人力资本回报提升。

顾为东（2001）认为，产业结构升级的过程实质上是产业技术的升级，其核心问题是人才，而人力资本作用的发挥，以获得合理回报为前提。

　　李稻葵等（2009）认为，在整体国民经济中，劳动者所得占国民收入的比重取决于该经济的产业结构，物质资本密集型为主的产业结构必然导致物质资本相对高回报，因此，要转变目前的分配格局，路径之一就是调整产业结构。

　　龚刚和杨光（2010a；2010b）在一个具有凯恩斯主义特征的非均衡动态模型框架下，通过实证分析表明，劳动力的无限供给，不仅使工资无法对劳动力市场的供求状况进行反应，而且使劳动生产率和物价变化对工资的影响也不敏感。这意味着，当存在着劳动生产率的提高或由经济增长所带动的物价上涨时，工资的提高不够显著，从而由经济增长或劳动生产率的提高所带来的利益大部分转化为利润而非工资。因此，要彻底扭转中国收入分配恶化趋势，根本途径是加快工业化进程，使农村剩余劳动力能够尽快被吸收。

　　白重恩和钱震杰（2009a）认为，我国可以通过提高第三产业在经济中的比重，从而提高国民收入中的劳动份额，如果能消除政府对经济的过度控制，那么我国在利用第三产业发展来提高劳动收入份额方面还有较大的改善空间。

　　（二）进行人力资本积累

　　人力资本水平差异对分配结构失衡问题的研究主要基于两个视角：一是基于宏观的经济增长，将人力资本独立于劳动力数量（或人口），考察人力资本对于经济增长的影响，如果人力资本在经济增长中起主导作用，那么在整体国民经济中，劳动收入份额必然上升；二是基于人力资本理论，即如果劳动者报酬主要由人力资本水平决定，那么人力资本水平差异就可以在很大程度上解释收入的不平等。

　　宏观增长视角对收入差异的研究主要基于 Mankiw、Romer 和 Weil 在 1992 年所建立的拓展的 Solow 模型，大多数研究认为人力资本而非简单劳动是推动经济增长的关键（Sengupta，1993；Temple，1993；Barro，2001），随着经济的进步和劳动力市场的发育，人力资本对于劳动者报酬的影响越来越重要，Romer（1986）、Barro（1991）、Becker（1975）、Lucas（1988）等人的研究表明，人力资本是收入水平的决定因素，高技能劳动者和低技能劳动者的相对工资与他们的相对技能呈同向变动关系。

Amparo 和 Rafael（2002）基于教育水平的累积十分位分布，计算了人力资本的基尼系数，发现人力资本差异对经济增长的影响非常强烈，由此造成人力资本回报的差异。国内学者遵循 Barro 和 Lee（1993；1996；2000）对我国人力资本和简单劳动对于经济增长的贡献率进行经验分析，结论同样显示，不论是长期还是短期，人力资本对经济增长的促进作用均远远高于简单劳动，并已经超过了物质资本对于经济增长的促进作用，成为经济增长的新的源泉（陈秀山、张若，2006；林志伟，2006；彭国华，2007；胡永远、刘智勇，2004），因此，人力资本积累水平差异造成了收入差异。

微观层面的研究则主要基于明瑟方程，大量研究表明，人力资本是决定劳动报酬最重要的影响因素之一，人力资本分布的偏态分布将会直接导致收入差距的拉大，这一结论无论在理论研究还是经验研究中都得到了充分的支持（李实、丁赛，2003；白雪梅，2004；姚先国、张海峰，2004；张车伟，2006）。姚先国、赖普清（2004）分析了城乡劳动力在工资待遇以及养老和医疗等福利方面的差异，他们发现劳动者的人力资本和企业状况解释了城乡劳动力劳动收入差异的70%—80%。姚先国、李晓华（2007）从描述中国城市居民工资分布变动的总体趋势入手，基于完整设定的明瑟方程，对工资水平增长和工资不平等程度加深的影响因素进行了分解，结果表明，伴随着市场化进程的加快，与生产力有关的特征（人力资本）得到了越来越高的回报，而劳动力市场隔离等制度性因素对工资不平等增加的相对贡献剧烈下降。邹薇、张芬（2006）按照收入来源对农村各地区之间的收入差异进行了具体分解和计量研究，结果显示，农村各地区之间收入差异的扩大主要来自农村地区间工资性收入的差异，而农村工资性收入水平又主要与各地农民的受教育程度相关，因此，应该通过加强农村教育来缩小农村各地区间的收入差距。张车伟、薛欣欣（2008）利用微观调查数据对我国国有部门与非国有部门的工资差异进行了实证研究，结果显示，我国国有部门的工资优势中有80%以上来自人力资本的优势，且从工资差异分布来看，在工资分布的高端——高知识高技能人才的密集区，工资差异完全体现为人力资本的差异。周明海等（2010）使用明瑟方程估计人力资本和原始劳动在劳动报酬中的份额，结果显示，在近20年的时间里，以教育和经验为代表的人力资本回报率大幅上升，而简单劳动的回报率几乎没有任何变化。

（三）完善收入分配制度

我国的收入分配问题带有很强的制度性色彩（赵人伟、李实，1997），因此，众多学者从完善分配制度方面提出改善资本与劳动相对回报差异问题的建议。

最早主张政府干预分配的学者当属凯恩斯本人，他从有效需求不足理论出发，讨论了收入分配不公会导致有效需求不足，从而不利于经济增长，因此，主张政府实行公平分配。自认为是凯恩斯主义追随者的新剑桥学派着重考察工资和利润在国民收入中相对份额的变化以及国民收入在社会各阶级之间的分配，认为要改变不合理的分配状况，就必须改变国民收入分配结构，即改变利润和工资在国民收入中的相对份额。在政策措施场面，强调政府对分配进行干预的必要性，并提出了如实行累进税等消除收入不平等的政策措施。

此外，很多学者分析了税收制度对于消除贫富差距的效应。有些研究发现税收对于缩小收入差距有作用（Bogetit 和 Hassan，1995；王亚芬等，2007），但大部分研究认为所得税对于缩小收入差距没有起到作用（胡鞍钢，2002；张文春，2005；王乔和汪柱旺，2008）。张伟（2002）通过对国民收入分配中税种参与的研究，指出在初次分配中，间接税直接参与对原始收入的分配，并成为政府收入的主体，具有为政府组织收入的特征；在再分配中，直接税参与企业和家庭初次收入分配后的分配，并构成政府转移支付的一部分，具有调节收入的功能。但从总体上看，我国初次分配格局与再次分配格局的背离程度不大，这反映出在国民收入再分配中，我国政府运用直接税对收入进行再分配的调节力度有待加强。李实（2010）认为中央政府与地方政府之间的财政分配体制，由于受到地方利益格局的制约，并没有起到缩小地区收入差距的再分配功能。

五　研究评述

综观当前研究，可以发现：

（1）对我国收入分配制度导向性进行评价的方法主要集中于劳动收入份额法和资本回报率法，劳动收入份额是以劳动者报酬占当年国民收入的比重表示的，但是某种要素在当年总产出（GDP）中的分配份额多少，取决于两方面：这种要素的回报水平以及这种要素投入在要素总投入中的比重，前者反映的是单纯的要素投资积累的回报水平，后者体现的更多的是生产运行的要素消耗特征。而要评价一个国家的要素分配导向，目的是观察现行要素分配制度更多地激励人力资本要素投资积累还是激励物质资本要素投资积累，显然，这应该基于对单纯的要素投资积累回报水平的观察，而不应该是包括生产运行特征的综合收入份额。

人力资本回报率虽然计算的回报水平与投入成本之比，但反映的却不是全部回报与全部投资的相对关系，鉴于人力资本和物质资本的受益期限的长期性，这种以一年回报与成本之比作为客观评价标准的方法有失偏颇。

（2）从分配导向演变趋势上看，无论古典、新古典经济学家，还是近期实证主义者的研究都认为，随着经济发展和产业结构提升，劳动者收入应逐步提高。这主要来自两方面的原因，一是因为随着经济增长，物质资本不再匮乏，从而物质资本边际收益递减，不可能维持经济长期发展，而人力资本则可以克服物质资本的边际收益递减，促进经济长期发展；二是因为随着产业结构升级，对生产要素的要求越来越高级化，也越来越依赖于高端人才，应该赋予人力资本高回报。

（3）造成我国目前以物质资本积累为分配导向的原因可归结为人力资本差异[①]、产业结构演变和政府因素三个方面，因而上述研究认为，对分配失衡问题的解决也应分别从以上三方面进行。但是对于上述方法是否可行，以及如何实行，是有待商榷的。首先，对于初次分配中的按要素分配，政府不宜干涉过多，否则可能导致更严重的失衡问题和资源配置扭曲问题；其次，提高人力资本水平必须以生产方式转变为前提，而促进产业结构升级又必须以人力资本水平提升为前提，可见这两种途径是互为前提的，一方的实现都要求另一方先作改变，这两条途径是不可能单独实现的。

虽然，研究显示人力资本回报提升是收入分配演变的必然规律，但我国以物质资本为分配导向的做法是由各个阶段的产业发展战略决定的。长期以来，我国依靠低劳动力成本优势，以发展劳动密集型产业为主，这一产业特征必然导致分配上重资本、轻

---

① 尽管技术进步、教育扩展以及国际贸易也被视作收入差距扩大的原因，但是深入分析不难发现，无论技术进步、教育扩展还是国际贸易的收入分配效应都是通过人力资本发挥作用的。人力资本特别是高端人力资本是技术创新的源泉，而新技术的使用需要与之相匹配的人力资本才能发挥作用，技术进步提高的是创新型人力资本以及与技术使用相匹配的人力资本的收入；教育扩展的收入分配效应亦是如此，教育不平等的实质是通过改变人力资本分布，从而影响收入差距的；国际贸易则通过技术分散和价格效应两方面影响收入分配，一方面通过技术引进，另一方面通过贸易价格倾斜影响收入分配，前者作用机制类似技术进步，后者则通过产品内涵的技术提升从而使产品价格提高成为可能，赢得更多可分配收入，但最终也是通过技术和人力资本影响贸易收益的。因此，从根本上讲，上述因素统统可归结为人力资本。

劳动的现象，这是服务于产业发展目标的，是否需要转变分配导向，要根据产业发展战略决定。在知识经济背景下，我国已明确提出要转变经济发展方式，促进产业结构优化升级的要求，在这一背景下，人力资本将成为推动产业升级的主导要素，因此，新的产业发展策略要求人力资本成为分配激励的导向。

本书聚焦于初次分配领域中的要素分配，论证要素分配导向与产业特征的内在关联，论证在知识经济背景下，特别是在我国经济发展方式转变和新的产业发展战略目标的要求下，人力资本成为新的经济增长源泉和产业升级的主要推动力，以人力资本为导向不仅可以实现分配的"公平"与"效率"兼容，还可以使经济增长在人力资本提升与产业结构优化的动态匹配中实现，人力资本应成为我国收入分配激励的导向。进一步对我国目前的分配导向作出客观评价。

第三节　研究思路与方法

一　研究思路

本书聚焦于初次分配领域中的要素分配，论证要素分配导向与产业特征的内在关联，论证在知识经济背景下，特别是在我国经济发展方式转变和新的产业发展战略目标的要求下，人力资本成为新的经济增长源泉和产业升级的主要推动力，以人力资本为导向可以实现分配的"公平"与"效率"兼容；论证人力资本导向的实现关键在于人力资本提升与产业结构优化的动态匹配。并进一步对我国目前的分配导向作出客观评价。因此，本书将主要研究以下内容：

（1）综述收入分配经典理论及其发展，旨在探究收入分配理论研究的核心问题，为我国要素分配导向制定奠定理论基础。

（2）梳理我国分配导向变迁历程，旨在探究我国分配导向的制定原则是什么，为经济发展方式转变背景下分配导向的提出提供实践基础。

（3）在经济发展方式转变的要求下，我国要素分配的导向应该是什么；收入分配应导向于激励哪种要素积累；实现上述要素积累的路径是什么。

（4）我国现行收入分配是否导向于激励上述要素积累。

为回答上述问题，本书做了以下工作：

一是综述了收入分配经典理论的演变与发展，从中发现，分配导向是收入分配理论研究的核心问题之一（第二章）。

二是梳理了我国要素分配导向的变迁历程，从中发现，我国各阶段分配导向的制定是服务于产业发展目标的（第三章）。

三是根据收入分配理论与我国要素分配导向演变的启示，论证在知识经济和转变经济发展方式背景下，我国要素分配的目标导向在于人力资本，人力资本导向下的分配可以实现"公平"与"效率"兼容，并进一步论证要素分配目标导向实现的关键在于人力资本提升与产业结构优化的动态匹配（第四章）。

四是对我国目前要素分配导向进行实证评价，以判断我国目前是否存在激励人力资本积累的动力。由于人力资本回报直接影响人力资本积累的动力和能力，因此，本书基于人力资本回报对我国现有的分配导向进行实证评价（第五章）。

本书的基本思路见图 1.3.1。

关于人力资本成为新经济发展方式背景下要素收入分配导向的论证，本书遵循如下思路：

首先，根据收入分配经典理论与我国收入分配实践，论证在经济发展方式转变和我国产业发展战略目标转变的要求下，收入分配导向应转向人力资本。

其次，论证在转变经济发展方式的要求下，以人力资本要素为收入分配导向可以实现收入分配的"公平"与"效率"兼容。主要从三方面论证：一是论证收入分配导向的设定要促进"公

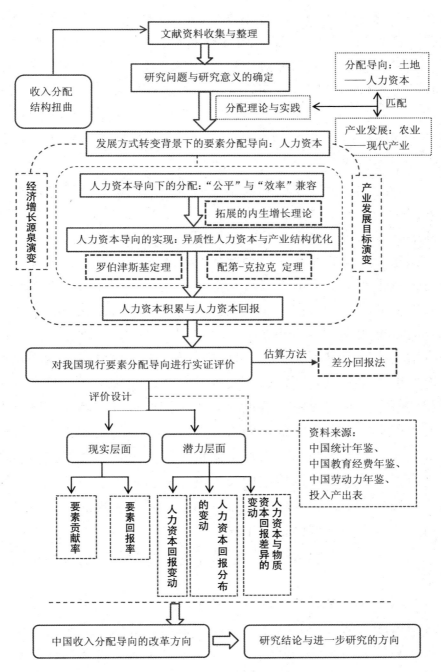

图1.3.1 研究思路

平"与"效率"的兼容。无论收入分配经典理论还是我国分配实践，都表明，收入分配合理性化是分配制度演变的内在驱动力，从我国收入分配制度演变的纵向逻辑看，更加体现分配制度优化的重要性和迫切性，而收入分配合理化问题的核心在于分配中对"效率"与"公平"关系的处理。二是论证在传统的经济增长方式下，收入分配的"效率"与"公平"不可兼得。在传统经济增长方式下，物质资本是推动增长的主要力量，因此，若以效率为目标，分配制度的激励导向必然指向物质资本，降低劳动者回报，从而牺牲公平；反之，若以公平为目标，则分配必然提高劳动者回报，降低物质资本回报，这必然导致物质资本无法有效积累，从而牺牲效率。因此，在传统增长方式下，分配的效率与公平是不可兼得的，二者只能选择其一。新剑桥学派的经济增长模型证明了这一点。三是论证在新经济增长方式下，人力资本导向可以实现收入分配的"公平"与"效率"兼容。在新的经济增长方式要求下，人力资本成为推动经济增长的主要力量，无论追求效率还是公平，人力资本都是最终归属，因此分配的公平和效率可以实现兼容。若追求效率，则要求分配制度激励导向于人力资本，提高人力资本回报，促进了公平的实现；反之，若追求公平，则要求提高人力资本回报，而人力资本回报提升会激励人力资本积累，从而促进增长，进一步提高了效率。因此，在新的增长方式下，收入分配的效率与公平可以实现兼容。本书通过拓展的内生增长理论证明了这一点。

关于人力资本分配导向的实现路径，本书的论证遵循这样的思路：

首先，分析要素结构提升与产业结构优化的动态匹配关系。用封闭条件下的罗伯津斯基定理及其推论论证人力资本提升引领产业结构升级的观点，产业结构升级进一步对要素结构提出新的要求，进一步促进人力资本积累和吸引高端要素集聚，人力资本提升与产业结构优化将在动态匹配中发展。

其次，论述人力资本积累与人力资本回报的关系。人力资本回报是否合理直接影响人力资本积累的动力和能力，进而影响经济持续增长，因此，要素回报必须合理，当要素收入分配合理时，促进人力资本积累，进而在人力资本提升与产业结构优化的动态匹配中促进经济持续增长（见图 1.3.2）。

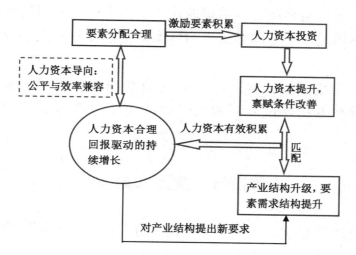

图 1.3.2　人力资本导向的实现路径

二　研究方法

本书所用到的研究方法主要有演化分析法、历史分析法、理论分析法、实证分析法、比较分析法、制度分析、规范分析等。

（1）演化分析和历史分析。本书两处将用到演化分析和历史分析，一是综述经典理论中有关收入分配机制的研究（第二章），二是梳理我国收入分配机制的演变历程（第三章）。

（2）规范分析。收入分配制度改革既是实证的，强调用数据说话，但它同时也是规范的，涉及价值评判和公众的心理感受，本书第四章在提出收入分配激励的目标时，用到规范分析。

（3）理论分析。本书在论证我国分配激励目标实现路径（第五章）时用到的主要是理论证明，借用了产业经济理论、人力资本理论、内生增长理论等。

（4）实证分析。第六章对我国现有分配制度的激励导向进行实证评价时，采用了实证分析。主要利用统计学和计量经济学相关分析方法进行评价。

（5）比较分析。第六章对我国分配制度的激励进行评价时，涉及人力资本与物质资本回报的比较，人力资本回报历年变化的比较，不同地区、不同学历人力资本回报的比较，用到的主要是比较分析。

（6）制度分析。本书讨论的问题本身属于制度问题，用经济学的分析方法探讨分配激励导向的演变逻辑本身就属于制度分析。

第四节　重点和难点

研究的重点和难点从来都是密不可分的，本书的研究重点和难点也基本重合，主要有三个：

第一，论证在经济发展方式转变的背景下，人力资本分配导向使收入分配实现"公平"与"效率"兼容。对于收入分配中的"公平"和"效率"之间的关系，学界一直见仁见智，多数赞成"冲突论"，认为效率和公平是不可兼得的，强调效率必然牺牲公平，反之亦然。本书则从经济发展方式转变入手，论证了在人力资本成为经济增长主导要素的前提下，分配激励的"公平"和"效率"可以兼容，而不必然冲突。

第二，论证我国要素分配导向实现的关键在于人力资本提升与产业结构的动态匹配。对于要素分配结构失衡问题的解决，学界主要存在两种观点，一是根据人力资本理论，主张通过提升人力资本，从而提升劳动者创造收入的能力来解决；二是主张通过推动产业结构升级，提高质量需求来解决。然而这两条路径实际上是互为前提的，一方要求的实现都要求另一方先作出改变，二者形成一个"循环"，提高人力资本或提升产业层次无法单独实现。本书基于异质性人力资本视角，论证了由于异质性人力资本的作用，人力资本与产业结构得以匹配，并在二者的动态匹配中实现公平与效率兼容。

第三，对人力资本宏观回报作出估算。人力资本在微观层面的回报及回报率是经济学研究研究的一个热点，但是在人力资本宏观回报计量方面则比较欠缺，学界几乎没有涉及。虽然劳动收入份额法也在一定程度上可以反映出人力资本回报的大致情况，但它只能反映人力资本一年回报与 GDP 的比例关系，无法体现人力资本积累与收益的长期性，更无法估算出人力资本回报的绝对数值。而内部收益率法则恰好可以反映人力资本积累与收益的长期性特征，适用于估算人力资本回报，但是由于缺乏可靠的数据支撑，学界鲜有人用内部收益率法估算人力资本宏观回报。因此，本书以内部收益率法估算人力资本回报，寻找可靠的数据来源是一大难点。所幸，笔者基于人力资本存量估算的理论依据与估算技术，寻找到用内部收益率法估算人力资本回报的数据支撑。因此，本书基于差分回报法对人力资本宏观回报作出了估算，为坚持可比性，对物质资本宏观回报也采取了相同的方法进行估算，进而对人力资本与物质资本回报相对差异进行了比较，这既是本书的一个难点，也是本书的一个创新之处。

第五节　本书的价值与创新

本书的创新体现在以下几个方面：

（1）论证了在知识经济和发展方式转变的背景下，以人力资本为要素分配导向可以实现收入分配效率与公平的兼容。关于收入分配的公平和效率之间的关系，学界多数赞成冲突论，认为效率和公平是不可兼得的，强调效率必然牺牲公平，反之亦然。本书则从经济发展方式转变入手，论证了在人力资本成为经济增长主导要素的前提下，收入分配的公平和效率可以兼容，这就为实现持续增长和分配公平的共赢提供了理论基础。

（2）论证了人力资本分配导向实现的关键路径在于人力资本提升与产业结构优化的动态匹配。对于要素分配结构失衡问题的解决，学界主要存在两种观点：一是根据人力资本理论，主张通过提升人力资本，从而提升劳动者创造收入的能力来解决；二是主张通过推动产业结构升级，提高要素需求质量来解决。然而这两条路径实际上是互为前提的，一方要求的实现都要求另一方先作出改变，二者形成一个"循环"，提高人力资本或提升产业层次均无法单独实现。而本书从人力资本提升与产业结构优化的动态匹配中寻求要素分配目标导向的实现途径，在要素供给与要素需求的匹配中推动目标导向的转变。

（3）对我国人力资本的宏观回报作出估算。人力资本在微观层面的回报及回报率是经济学研究研究的一个热点，但是在人力资本宏观回报的估算方面则比较欠缺，学界几乎没有涉及。虽然劳动收入份额法也在一定程度上可以反映出人力资本回报的大致情况，但它只能反映人力资本一年回报与 GDP 的比例关系，无法体现人力资本积累与收益的长期性，更无法估算出人力资本回报的绝对数值。内部收益率法则恰好可以体现人力资本积累与收益的长期性特征，但由于缺少数据支撑，学界并且采用这种方法对人力资本回报做出估算实践。本书从人力资本存量估算的理论依据和估算技术中寻找到用内部收益率法估算人力资本宏观回报的数据来源，并对内部收益率法做出适当修正（将其称为"差分回报法"），进一步在此基础上对我国人力资本宏观回报及其回报率做出了估算。为坚持可比性，对物质资本宏观回报的估算也采取了相同的方法，并对人力资本与物质资本回报相对差异及其变动进行了比较。将差分回报法应用于人力资本与物质资本宏观回报估算，既是本书的一个创新，也是本书的一个难点，对于估算中可能存在的误差，笔者作了详细说明。

第二章

收入分配理论的演变与发展

收入分配无论是在人们的经济社会生活中还是在经济理论体系中，都处于非常重要的地位，其重要性不仅在于其说明了经济体系中的各经济利益主体之间的利益关系，更主要的是它反映出这种经济利益关系背后的各种决定因素。因此，在经济思想史的发展过程中，各经济学派和许多经济学家都曾探讨研究所处社会体系的收入分配问题，并提出了不同的理论政策。自古希腊思想家色诺芬以来，无论是配第、斯密、李嘉图、马歇尔，抑或马克思，都把收入分配问题作为经济科学研究的核心。

第一节　按要素归属分配

从威廉·配第（William Petty，1623—1687）到大卫·李嘉图（David Ricardo，1772—1823）的古典学派以及马克思主义学派坚持劳动价值论，并在此基础上讨论收入分配问题。这与他们生活的时代背景紧密相关，古典学派生活的年代正处于自由资本主义时期，工业革命刚刚开始，资本主义矛盾比较突出，因而他们将收入范畴与社会阶级进行了对应，以劳动价值论为基础，分析了以地主、资本家和劳动者为代表的阶级之间的分配，认为劳动者获得工资，资本所有者获得利润，土地所有者获得地租，因此，他们的分配理论是以要素归属划分收入的。

古典收入分配理论主要侧重于传统农业部门的收入分配，在假设土地的存量在较长时期内不变的前提下，重点讨论土地、劳动和资本三种生产要素所有者三个阶级之间的收入分配。斯密（1776）的收入构成价格论开创了国民收入分配结构的研究，他将商品价格分解为工资、利润和地租三种收入成分，并认为劳动者获得工资，资本家获得利润，土地所有者获得地租。李嘉图（1821）则明确提出政治经济学的主题就是研究商品在参与生产过程中土地、劳动和资本所有者的分配问题，研究随着经济增长，社会总产品在各个生产要素之间，进而在个生产要素所有者之间的分配规律。李嘉图开创了边际研究的先河，认为土地报酬递减，因此，农业部门产出取决于劳动投入量，由劳动创造的全部产出价值，扣除地租，剩余部分分割为工资和利润。由于劳动力无限供给，因此，农业生产中的劳动投入量实际上取决于资本数量，资本间接地决定了农业总产出，从而资本数量决定经济增长。

马克思的收入分配理论继承了李嘉图的劳动价值论，坚持其剩余分析法，放弃其边际分析法。在马克思看来，商品的全部价值是劳动创造的，总价值首先被分解为工资与剩余价值，表明了工人阶级与整个有产阶级之间的利益冲突。而剩余价值的分配则反映了职能资本家、借贷资本家和地主阶级之间利益的矛盾。可见，在马克思看来，整个商品价值也是被劳动者、资本家和地主分配的，不过他认为后两者的所得是对劳动者的剥削。在分配规律上，马克思认为工业革命促使资本家竞相扩大生产规模，大批手工业作坊破产倒闭，导致大批失业工人难以被吸纳，因此，工人工资仅仅维持在生存水平，而资本家则出于竞争和追求利润的动机不断积累资本，扩大生产规模，逐步形成垄断，在这一过程中，资本有机构成不断提高，从而工资在总产出的比重不断减小，劳动者最终陷入贫困的境地。马克思认为只有增强工人的集体谈判能力，才能减少工人被资本家剥削的程度，提高工人所得。

古典学派和马克思主义学派专注于传统农业领域的收入分配问题，重点讨论土地、劳动和资本三种生产要素之间的收入分配。劳动者由于力量单薄，资本所有者始终处于有利地位，因而分配更多收入，而劳动者只能分得生存工资，利息则作为劳动者创造是剩余价值的一部分，是总收入中除去工资和地租的剩余部分，在要素分配的数量方面也存在一定规律，他们认为随着经济发展，工资和地租将上涨，利润将趋于下降。可见，这一阶段的分配理论虽然没有明确分配应有的激励导向，但实际分配更加注重资本，这与当时物质资本稀缺而劳动相对富余，因而物质资本的边际产出较高有关。

第二节　按要素贡献分配

与其他古典主义的收入分配理论不同，属于古典学派的让·萨伊和新古典主义学派的马歇尔将收入的分配与生产要素的分配结合起来，不再将劳动价值论作为理论基础，将效用论和供求规律运用到自己的分配论当中，提出了按生产要素分配论。

萨伊认为，商品价值是由劳动、资本、土地三个要素协同创造的，三要素的所有者理应取得相应的报酬，他指出，"每一个产品，在完成时，都是它的价值去酬报完成这个产品所耗的全部生产力的"。因此，劳动的所有者获得工资、资本所有者获得利息、土地所有者获得地租。他还进一步将利润分为利息和企业主收入，利息是"对于资本的效用或使用所付的租金"，企业主收入是对企业家高度熟练劳动的报酬，工资、利润、地租三种收入便是效用的生产费用，是对三要素进行生产性服务所支付的代价，即它们各自贡献的合理报酬，这就是萨伊的"三位一体"公式。

阿尔弗里德·马歇尔（Alfred Marshall，1880—1959）纠正了古典学派只重生产（供给）或效用（需求）的分析方法，综合了生产（供给）与消费（需求）的价值理论，创建了均衡价格理论，并在均衡价格论的框架下阐述了收入分配决定理论。马歇尔从均衡价格出发，认为国民收入是各个生产要素共同创造的。生产要素主要有劳动、资本、土地和企业家，在创造这些国民收入的过程中，各生产要素共同合作和彼此依赖，国民收入是一国全部生产要素的生产总额，同时也是可分配总额，它被分配至劳动、资本、土地和企业家，形成工资、利息、地租和利润四个部分。各个要素最后的所得份额也就是它们各自的价格，所以分配问题实际上是生产要素的价格问题，而这一要素价格的决定应遵循一般商品均衡价格形成的原则，即由其各自供求决定。劳动的工资由劳动供求决定，资本的利息由资本供求决定，土地的地租取决于土地供求，企业家则获得组织管理企业的报酬——利润。

马歇尔将古典经济学的三种生产要素扩展成"四要素说"，即在劳动、资本、土地三要素的基础上，将企业家才能——企业家对企业监督和管理的能力——视作第四种生产要素，提出了"四位一体"的国民收入分配理论。马歇尔认为，国民收入是由劳动、资本、土地、企业家共同创造的，国民收入应该在四个要素所有者之间进行分配，收入分配的问题同时也是均衡价格的决定问题。

马歇尔的均衡价格理论是对边际生产力分配理论的发展，在古典分配架构中考虑了要素边际产出与要素供给者的边际成本，虽然他没能解决边际生产力分配中有待解决的问题（产品耗尽），但他的理论思想和方法为产品或要素价格的确定提供了依据，同时他对生产要素的扩展，特别是提出了企业家才能这种高人力资本的分析为劳动经济的发展奠定了基础。

从马歇尔提出"四位一体"的分配公式，意味着企业家被视为一种新的要素引进生产，并参与分配，在马歇尔等人看来，企业家是一种更高级的要素，具有更高的生产力和要素组合能力，对经济增长的推动作用是不可忽视的，收入分配应重视对企业家的分配激励，持此观点的还有熊彼特等人。

第三节　政府干预分配理论

20 世纪 30 年代的经济大萧条使人们开始意识到放任自流的市场不是万能的，同时也开始认识到政府在调节收入分配中的作用。从凯恩斯开始，不同学派关于政府对收入分配的作用进行了论述，从凯恩斯到新剑桥，从福利经济学到新制度经济学，他们都是很重视政府因素在收入分配中的作用和地位，并分别从不同视角进行了研究。

凯恩斯继承了马尔萨斯的有效需求不足理论，认为充分就业的静态均衡只是经济中的特殊情况，有效需求不足是资本主义的经济常态，他否定了以萨伊定律为前提的新古典经济理论，也否定了新古典学派的利息和工资理论，提出了自己对利息和工资的看法，认为利息是人们放弃流动性偏好的报酬，投资和储蓄是不同经济主体的不同动机的经济行为，由于利润存在下降的刚性，所以投资决定储蓄。工资理论方面，凯恩斯将工资分成货币工资和实际工资，认为货币工资具有下降的刚性，降低货币工资会受到工人的反抗，降低货币工资对个别企业来说，可能起到刺激投资的作用，但就全社会来说，却降低了社会总需求。这就会使市场规模缩小，最终导致投资减少，失业率提高。因此，凯恩斯认为分配不公是产生有效需求不足的原因之一，要想实现充分就业均衡，就必须解决分配不公的问题。他认为社会上财富与收入分配不均的状况是不合理的，收入分配会影响居民消费倾向，收入分配的均等化将提高消费倾向，促进经济增长；而收入分配不平等，最终将阻碍资本主义的自身发展。因此，他主张要以国家干预的方式建立相应的制度措施，实行宏观调节个人收入的经济制度。国家的干预措施要增加全社会所有要素的收入，特别是要提高居民收入，同时解决收入分配不公问题，以刺激消费，增加有效需求，实现充分就业的经济增长。

新剑桥学派主张把经济增长与收入分配理论结合起来，对分配关系进行动态分析，着重考察工资和利润在国民收入中相对份额的变化以及国民收入在社会各阶级之间的分配。新剑桥学派将作为纯产品的国民收入分割为工资和利润两部分，认为在资本主义经济制度下的工资和利润是对立的。剑桥学派提出的"利润率决定公式"表明，均衡利润率只受外部给定的增长率和资本家阶级稳定的储蓄倾向的影响，与生产过程所采用的技术关系无关。因此，剑桥学派认为，经济增长率的变化会引起国民收入分配相对份额的变化，加剧资本主义社会中利润和工资的分配失调，从而恶化工人的处境。要改变不合理的分配状况，就必须改变国民收入分配结构，即改变利润和工资在国民收入中的相对份额。在政策措施场面，新剑桥学派从制度方面进行了分析，他们认为，如果不考察制度因素、制度本质，就根本无法搞清国民收入在各社会阶级之间的分配，并指出，收入分配结局与历史上形成的财产占有制度有关，也与劳动市场的历史条件有关，在研究收入分配问题时，不能撇开所有权因素和历史因素对收入分配的影响。新剑桥学派认定市场经济弊病的根源在于收入分配失调，强调政府对分配进行干预的必要性，并提出了如实行累进税等消除收入不平等的政策措施。

福利经济学派认为经济增长的最终目的是促进经济福利、彻底解决贫困，并主张通过收入分配均等化来增进社会福利，即政府通过一些措施把富人的部分收入转移给穷人。福利经济学代表人物庇古将边际效用递减规律用于分析个人收入分配问题，他认为，货币边际效用同其他商品一样也是随着货币数量增加而递减的，一个人的收入越多，货币收入的边际效用就越小；收入越少，货币收入的边际效用就越大。因此，庇古认为，只要将货币收入从富人那里转移给一些穷人，就可以增加货币的边际效用，从而使社会满足和社会福利总量增加。

庇古福利经济学的创立，标志着收入分配理论开始由纯技术性研究，开始向政策化、制度化转变，这就为政府用政策手段调节收入分配提供了依据。但这种强制转移收入的办法必然会压抑社会成员的积极性和效率。实际上，实现社会福利合理分配的政策应该多种多样，只有首先保持个体拥有较高的生产效率和活力，才能保持经济持续增长，做大"蛋糕"，做好"蛋糕"，才能为收入分配奠定坚实的物质基础。

第四节　人力资本理论在收入分配领域的应用

随着经济增长源泉的演变以及各种分配问题凸显，收入分配理论又获得了长足发展，特别是人力资本理论的提出，为收入分配问题研究提供了新的视角。

人力资本理论初始提出是从劳动供给角度讨论收入的决定，主张通过个人内在的努力和调整来提高收入，从而影响收入分配的差异。人力资本理论的创始人舒尔茨认为，"人力资本"是指劳动者所具有的知识、技能和健康状态，这种知识与技能可以为劳动者带来工资等收益，企业的任何使人力资本增值的活动就是人力资本投资，包括教育、健康、迁徙等。人力资本理论认为人力资本应该和物质资本一样享有企业剩余索取权。这意味着人力资本在财富创造中由从属地位向与物质资本平等地位发展，人力资本逐渐起决定性作用，不是物质资本维持人力资本的生存，而是人力资本保证了物质资本的保值增值。企业应该充分重视人力资本投资，提高劳动者的身体素质、技术水平和管理知识，并给予高素质的劳动者较高的报酬来促进企业利润的增长。

此后，卢卡斯直接将人力资本作为一种新的生产要素纳入经济增长研究领域，创建了经济增长模型中的人力资本假说，并成为内生增长领域的一大代表理论。该理论认为，人力资本是促进经济增长的核心要素，它延缓了物质资本边际收益递减的属性，促进了经济持续增长。从此，有关收入分配的研究便主张人力资本应获得比普通劳动更高的回报。

西方滞胀时期盛行的"分享经济理论"在某种程度上就是人力资本理论在实践中的应用，这一做法由美国经济学家威茨曼提出。威茨曼认为经济滞胀的根本原因在于资本主义工资制度的不合理，应改变劳资报酬来对付经济滞胀。他认为，传统工资制度中工资与企业效益没有直接联系，而分享经济中的工资与企业效益通过指数进行连接，确定了工人和雇主在收入分配中的分享比率，可以刺激劳动者关注企业效益从而也是关注自身收入，能同时促进企业和劳动者收入共同提高。英国的利润共享计划、美国的职工股份制计划、我国的员工持股计划等都是分享经济理论在实践中的有效应用。

人力资本理论的提出促进收入分配理论有了新的发展，这不仅印证了马歇尔第四种生产要素重要性的观点，也印证了收入分配应更加注重人力资本，分配制度的涉及应注重激励能带来最大增长的生产要素。

第五节　本章小结

从收入分配理论演变与发展的过程中可以发现，分配导向是收入分配理论研究的核心问题之一，分配导向总是倾向于激励能带来最大增长的要素。

古典收入分配理论是按要素归属（即按要素所有权）决定收入的，并根据要素的稀缺程度决定分配数量。他们认为劳动者（劳动力所有者）、地主（土地所有者）、资本家（资本所有者）按其要素所有权获得相应收入，即劳动者获得工资、土地获得地租、资本获得利息。在分配数量上，由于资本稀缺，资本相对劳动和土地获得更高的收入，但是在分配数量的演变规律方面，则一致认为，随着经济发展，工资将上涨，利润将趋于下降，土地由于短期存量不变，地租也将趋于上升。马歇尔等提出了第四种生产要素后，企业家成为经济增长新的来源，新古典主义学派也更加重视对企业家分配的重视。

马克思主义收入分配理论仍坚持古典主义的劳动价值论，认为工资、利息（利润）、地租的归属实际上也是按要素所有权分配，各生产要素对增长做出了贡献，因此其所有者凭借所有权获得收入。不过，在分配的合理性上，马克思认为，土地、资本不是价值创造的源泉，不应该获得收入。

古典和新古典的时代是自由资本主义盛行时期，因而他们更加注重在自由竞争市场下讨论收入分配决定问题。到凯恩斯时代，资本主义经济经历了大萧条，人们开始意识到市场的局限性和政府干预的重要性。从凯恩斯学派到新剑桥学派，再到福利经济学，特别是新制度经济学，认为分配制度的设计对于收入分配合理化以及经济持续发展至关重要。

人力资本理论的提出及其在收入分配领域的应用，体现了古典主义按生产要素贡献分配的主张，同时也继承了马歇尔第四种生产要素重要性的观点，从现实意义上讲，企业家才能就是一种高端人力资本，是经济增长源泉演变的落脚点，也是收入分配制度激励导向的归宿，注重人力资本分配，提高人力资本回报，从而激励人力资本积累，是促进经济增长和收入分配优化双重目标的契合点。

从经典收入分配理论和现代人力资本理论对收入分配原则及其变动规律的论述可以看出，分配导向是收入分配理论研究的一个重要问题，他们的论述对我国目前收入分配问题的解决有很强的借鉴意义。

（1）收入分配应导向于激励能带来最大经济增长的生产要素积累，从三种要素分配到四种要素分配论，再到按人力资本分配，收入分配理论讨论的核心问题是对经济增长主导要素的激励，因此，收入分配制度设计的核心是确定分配激励导向。

（2）在各要素分配数量的规律上，劳动者收入逐步提高，古典和新古典都认为工资将随着经济发展而提高，而主张政府干预的分配理论（从凯恩斯学派、新剑桥学派、福利经济学派到新制度经济学派，包括马克思）则认为政府应当采取各种措施，包括各种税制、转移支付等方法，提高贫穷者收入，以改善收入分配格局。

（3）收入分配激励的目标必须兼顾效率与公平。自从凯恩斯提出政府干预市场的政策之后，新剑桥学派、福利经济学派等也认为政府在收入分配领域当有所作为，应当关注低收入群体，提高他们创造收入的能力，这意味着收入分配差距不能无限扩大，经济的持续增长必须以合理分配为前提。因此，收入分配激励的目标必须兼顾效率与公平，促进要素分配优化与持续增长的双赢。

第三章

我国收入分配导向演变：
产业发展与要素导向

中华人民共和国成立以来，我国收入分配制度先后经历了"按劳分配""部分先富"（"以按劳分配为主体，其他分配方式为补充"即倡导"让一部分人先富起来"）、"按劳分配与按生产要素分配相结合"的演变历程。按劳分配不考虑人与人之间的劳动差别，仅依据劳动数量进行分配，是一种"一般劳动"激励的导向，这对于当时重化工业发展起到一定作用，但造成了消费持续低迷，经济发展无力，特别是后来还造成了"平均主义大锅饭"的严重后果，极大地损害了人民的生产积极性，造成大很大的经济波动。为了走出经济发展低水平凝固的困局，党的十三大以后，我国提出"以按劳分配为主体，其他分配方式并存"的分配制度，倡导"让一部分人先富起来"，鼓励人们依靠诚实劳动、合法经营提高收入，这一分配制度倾向于激励有致富头脑的人群积极投身经济建设，是"人力资本"激励导向型的激励机制；"部分先富"的激励机制促进了产业多元化和经济快速发展，为了防止示范效应衰减并进一步调动所有要素的积极性，十五大和十六大报告提出了"生产要素按贡献参与分配"的制度安排，这一制度安排调动了资本、劳动、管理、技术等各方面要素所有者的积极性和创造性，在市场经济条件下实行要素组合，从而推动了产业结构升级，提高了经济发展质量。

从我国收入分配制度的变迁历程可以看出，我国分配制度激励机制变化的动因是促进产业结构优化升级和经济持续发展，通过一般劳动激励、部分先富的示范效应和要素全面激励的竞争效应，客观上也促进了我国产业结构优化升级和经济持续发展。

第一节　"按劳动分配"：重化工业集中发展与一般劳动

中华人民共和国成立后，为了迅速恢复和发展经济，我国实行了重化工业集中发展的产业发展策略，分配上则实行了"以按劳分配为主体，其他分配为补充"的分配政策，"按劳分配"的"一般劳动"激励倾向适应了当时重化工业集中发展的产业战略，在一定程度上促进了经济恢复和发展。

1949 年后，毛泽东提出了新民主主义经济结构的思想，指出新中国的经济构成包括国营经济、合作社经济、农民和手工业者的个体经济、私人资本主义经济和国家资本主义经济五种，其中国营经济是主导成分。新中国的成立和经济成分的改变迫切要求打破旧中国以土地、资本私有制为基础的分配制度，废除"不劳而获""劳而不获"的分配方式，从而建立一种符合劳苦大众利益的新型分配制度。在当时，我国并没有现成的经验可以借鉴，加上受意识形态的影响，苏联模式成为中国共产党唯一可以学习的榜样，因此，我国在国营经济和集体经济中广泛推行了按劳分配制度。

按劳分配是对旧中国"不劳而获"分配制度的根本否定，基本满足了饱受旧中国剥削之苦的广大百姓的要求和愿望，因而他们的生产积极性被极大地调动，有时甚至不计个人得失地投入到社会主义建设热潮中。按劳分配这种"大集中"的分配方式适应了当时的生产力水平和所有制结构，因而在之后相当一段时间内推动了当时的经济发展。但 1956 年社会主义改造基本完成以后，由于人民公社化运动的推行，平均主义的分配方式开始滋生。人民公社运动强调"一大二公"，经济结构上盲目"求公""求纯"，强调消除生产资料私有制残余，大搞公共食堂，导致了分配制度上的"求平""求均"，最终导致平均主义"大锅饭"，挫伤了人民的生产积极性，损害了经济增长效率。

　　1978 年改革开放以后，邓小平提出了"解放思想、实事求是"的思想方针，认真总结了平均主义大锅饭的沉痛教训，重新落实和巩固了"按劳分配"政策。党的十二届三中全会通过的《中共中央关于经济体制改革的决定》提出了"平均主义思想是贯彻按劳分配原则的一个严重障碍"的观点，倡导"建立多种形式的经济责任制，认真贯彻按劳分配原则"。虽然当时也提出了"平均主义泛滥必然会破坏生产力"[①]，从而主张合理地拉开收入差距，以调动人民的积极性，但是，当时对市场作用的认识还很浅薄，因此，只是强调了"按劳分配"，但为十三大之后"一部分人先富起来"的政策提出奠定了基础。

　　虽然按劳分配制度在发展中走了弯路，但是在中华人民共和国成立初期对国民经济恢复起到了极大作用，与当时的产业发展战略要求是相适应的，特别是针对当时我国着力发展的重工业。

　　中华人民共和国成立之初，国民经济千疮百孔、一穷二白，为了迅速振兴经济，我国提出了集中发展重工业的产业发展战略，并提出了"要使中国由农业国转变为工业国，实现工业化，将中国建设成工业强国"的发展战略。特别是经过了三年经济恢复和抗美援朝之后，重工业更成为经济建设的重中之重，并具备了"赶超"经济的性质。"一五"期间，政府陆续出台一系列正式文件，突出重工业在国民经济中的地位和作用，将实现工业化的时间确立为 20 年，重点发展钢铁、电力、煤炭、石油、军事工业、机械制造、有色金属及化学工业。上述行业发展具有资本高度密集、投资规模大、资金周转期限长、技术要求高等特

---

　　① 国务院发展研究中心经济要参编辑部主编：《中国经济结构调整理论与实践指导全书》，人民日报出版社 2000 年版，第 905—906 页。

点，这与刚刚经过三年恢复的中国经济状况产生了直接矛盾，1952 年的人均国民收入只有 104 元，国家银行的期末存款余额只有 93.3 亿元，这种经济状况很难满足重工业发展需要。在这种情况下，我国仿照了苏联的做法，采取了中央集中计划配置资源的生产资料分配方式，而当时实行的"按劳分配"也符合人为压低劳动成本的产业集中发展要求，因此，我国重工业从中华人民共和国成立初期到改革开放之前有了较快发展，成为当时拉动中国经济发展的主导产业，1951—1981 年重工业年均增长速度达到 15.3%，而同期农业仅为 3.2%，商业为 4.2%（林毅夫等，2006）。

中华人民共和国成立初期的重工业之所以快速发展，与国家偏向性的发展战略固然分不开，但这与当时实行的集中分配的按劳分配政策也有很大关系，由于按劳分配实质上属于一种集中分配的分配模式，它不考虑人与人之间、劳动与劳动之间存在质量上的差别性，按照劳动数量进行统一分配，实行的实际上是一种"一般劳动激励"，但是，这种集中分配的方式对于各种生产资源调动具有集中、快速的特点，更具有人为压低劳动成本的优势，因此，极大地适应了重工业优先发展的要求，促进了当时的重工业发展。可见，"按劳分配"的"一般劳动"激励在一定时期内与重工业集中发展的产业战略要求是相适应的，因而在一定程度上促进了当时的经济发展。

第二节   "部分人先富"：产业多元化与人力资本

虽然一般劳动激励下的重工业发展取得了一定成绩，但却是靠压低要素收入、牺牲消费换来的，长期来看，不仅造成了消费低迷，发展后劲无力，也造成了产业结构严重失衡。为了纠正分配政策理解和执行的偏差，改善产业发展失衡的局面，邓小平提出了通过政策倾斜"让一部分人、一部分地区先富起来"的分配政策，通过"先富"的示范效应，调动所有生产要素的积极性和创造性，促进要素间充分流动和合理配置，客观上推动产业多元化发展，纠正了重化工业集中发展造成的产业失衡问题。

在改革开放之后重新落实"按劳分配"政策时，邓小平就提出，要合理拉开收入差距，但同时要坚持共同富裕。由于当时对市场经济理解的浅薄，人们只重视"按劳分配"，没有很好地理解"拉开合理的收入差距"。事实上，中华人民共和国成立之初就明确了社会主义存在5种不同的经济形式，经济结构决定分配结构，这意味着绝不可能只存在单一的分配形式，按劳分配适合国营经济和集体经济，但个体经济、私人资本主义经济范围可以实行其他分配形式，调动劳动者的积极性。

随着改革开放的深入进行和市场经济的发展，人们对市场作用的认识也逐步深化，因此，党的十三大提出：社会主义初级阶段的分配方式不可能是单一的，必须坚持以按劳分配为主体，其他分配方式为补充，合理拉开收入差距，又要防止贫富悬殊，坚持共同富裕。[①] 十三大提出的分配政策倡导"通过诚实劳动、合法经营让一部分人先富起来"，用合理的收入差距来形成激励，同时要防止两极分化，以共同富裕为目标。

倡导"一部分人先富起来"的政策符合我国长期处于社会主义初级阶段的历史现实，在我国经济和文化还不发达，社会生产力亟待提高的社会条件下，让一部分先富起来，先富带动后富，促进经济优先发展，只有经济发展了，财富总量增加了，人们的生活水平和质量才会提高。事实证明，"部分先富"的政策的确促进了经济快速发展，根据国家统计公报数据，1992年我国国内生产总值按可比价格计算，比上年增长12.8%，达到改革以来的最高年增长率，其中乡及乡以上可比价工业产值比上年增长26.7%（张立群，1993），即便是在1997年的亚洲金融危

---

① 《十三大以来重要文献选编》（上），人民出版社1991年版，第32页。

机期间，仍然保持 6%—8% 的增长率。城镇和农村居民人均收入也获得较快发展，1995 年城镇和农村居民人均可支配收入分别为 3892.9 元和 1577.7 元，分别是 1978 年的 375.4 倍和 287.2 倍。

"一部分人先富起来"的分配政策之所以促进了我国经济迅速发展，不仅在于它极大地提高了个体经济、私营经济主体的活力，还在于这项政策促进了产业多元化发展，促进了产业结构合理化。

长期以来，重工业优先发展的战略违背了比较优势原则，这种跨越式的产业结构转换模式制约了重工业对其他关联产业的拉动作用，导致农业、轻工业和第三产业发展滞后，造成我国产业结构失衡。重工业的高速发展呈现出的仅是数字角度的繁荣，是以牺牲人民消费水平和农村发展为代价的，不可能带来产业结构的升级，因而，向重工业倾斜的发展战略必然不可能持续。"一部分人先富起来"的政策为经济发展注入了新的活力，同时由于经济发展带来人均收入不断提高，提高了人们的消费能力，改善了消费结构，在市场经济的作用下，产业结构调整逐步向满足人民生活转变，轻纺工业、房地产、金融等行业突飞猛进，消费结构的变化促进了产业结构提升，根据《中国统计年鉴 2012》提供的数据，第三产业在国民生产总值中的比重稳步提高，从改革开放之初的 23.9 提高到 1990 年的 31.5。金融、房地产等新兴行业异军突起，获得飞速发展，金融业在第三产业增加值构成中从 1987 年的 12.6% 增长到 1997 年的 13.4%，其他行业更从 1987 年的 25.9% 增长到 1997 年的 35.2%。

这意味着"一部分先富起来"的分配政策刺激了原来并不兴盛的一些行业快速发展，促进了产业多元化经营，极大地改善了重工业集中发展的产业格局。"一部分人先富起来"的分配政策鼓励人们依靠诚实劳动、合法经营提高收入，从而提高消费能力，进而带动了产业结构优化，改变了重工业比重过大的局面，增强了经济发展的持续力和稳定性。

"一部分人先富起来"的分配政策承认人与人之间存在差别，劳动与劳动之间存在质量的差异性，因而，这种分配政策实行的是对"人力资本"的激励，不仅鼓励多劳多得，而且是根据市场需求，按照市场经济规律，承认劳动成果的差别性。这种分配政策激发了人们参与经济活动的热情，激励了各种经济主体的活力，促进了人们收入水平的提升和消费能力的提高，进而促进了产业结构转换，推动了产业结构优化。

第三节　"按要素贡献分配"：产业结构优化升级与高端要素

为了继续发挥"部分先富"的示范效应和各种生产要素的积极性，从而促进经济持续增长，我国进一步深化了对"以按劳分配为主体，其他分配方式为补充"的分配制度，提出了"按要素贡献分配"的分配原则，特别鼓励资本、管理、技术、人力资本等高级要素按贡献参与分配，要素的持续激励和提升促进了产业结构的优化升级。

"一部分人先富起来"的分配政策在促进经济快速发展，产业多元化发展的同时，也造成了收入差距也逐步拉大，偏离了共同富裕的道路。从居民内部收入看，城镇居民人均可支配收入与农村居民人均纯收入之比，从 1985 年的 1.85 倍，上升到了 1997 年的 2.46 倍，之后这一比值还在扩大。十三大以来的分配政策实质上是坚持"效率优先、兼顾公平"的原则，由于社会主义市场经济也有竞争，有竞争就有优胜劣汰机制，出现利益分配上的差别，形成收入差距，这种分配导向有利于优化资源配置，促进经济发展，但绝不能丢弃维护社会稳定的"公平"原则。

为了及时纠正日益拉大的收入差距，十五大重新阐释了对收入分配的理解，指出，"要把按劳分配与按生产要素分配结合起来，依法保护合法收入；允许和鼓励资本、技术等生产要素参与收入分配"。十五大报告对收入分配政策的新理解，为各种要素参与分配提供了制度保证和政策支持。十六大报告进一步提出了初次分配和再分配的不同注重点，确立了劳动、资本、技术和管理等生产要素按贡献参与分配的原则。

十五大和十六大报告提出的"生产要素按贡献参与分配"的制度安排"能内生出激励因素，能持续对资源配置和资源使用效率的提高进行刺激，能以'贡献'为唯一标准和通过'等量贡献取得等量报酬'，体现最起码的公平"（李金亮，2002）。这一制度安排有利于推动所有制结构的调整，进而从分配角度促进私营资本的投入，激发一切劳动、知识、技术、管理和资本的生产创造力，因而是一种"要素全面激励"的分配制度。

"按要素贡献参与分配"将利益分配交给市场，使生产资料所有者、商品生产者、消费者紧密联系在一起，他们根据市场经济一般规律调整自身供给和需求，调整生产方向和规模，从而也在调整着产业结构，将资本、劳动、技术等各种要素调整到满足市场需求的产业领域，这不仅极大地节约了交易费用，促进经济增长效率提升，同时也推动了产业结构优化升级，因为对要素结构的调整其实也是对产业结构调整的过程，要素结构高级化的过程也是产业结构高级化的过程。随着要素投入从土地、劳动力，到资本、技术，再到高级人力资本，必然推动产业结构从以传统农业为主体逐步向现代化产业为主体转变。

产业结构优化升级是产业结构合理化和高度化的有机统一，十六大报告根据世界经济科技发展新趋势和走新型工业化道路的要求，指出了我国产业结构优化升级方向：形成以高新技术产业为先导、基础产业和制造业为支撑、服务业全面发展的产业格局。十五大以来，第二产业发展一直很平稳，在 GDP 中的比重保持在 46% 左右，其中制造业在第二产业中比重持续保持在

69%左右，成为第二产业发展的有力支撑；而第三产业在国民经济中的比重则不断提高，从 1993 年的 33.7%提高的 2011 年的 43.4%，提高了 28.78%。在第三产业增加值构成中，信息传输、计算机服务和软件业从无到有，从 2005 年开始，统计年鉴有关第三产业增加值构成指标增加了"信息传输、计算机服务和软件业"，这一比重从 2005 年的 2.6%增加到 2007 年的 6%，金融业、科学研究、技术服务和地质勘探占第三产业增加值的比重从 2005 年 4.5%提高到 2007 年的 14.17%，2010 年则进一步上升至 15.3%。这说明，实行"按要素贡献分配"后，我国高新技术、科研、金融等知识经济领域获得长足发展，为我国产业结构优化升级提供了良好的体制激励，刺激了我国第三产业、特别是科技产业的发展，促进了我国产业结构升级。

第四节 本章小结

一 我国分配导向的演变逻辑

我国分配制度的激励导向经历了从一般劳动激励、人力资本激励到管理、技术等高端人力资本激励的转变过程。这一过程揭示的激励导向的演变逻辑，从横向和纵向看，给予我们不同的启示。

从横向看，我国收入分配制度的演变历程体现了以下三点内容：

（1）人力资本将越来越成为要素分配导向。我国收入分配制度经历了"按劳分配""让一部分人先富起来""按要素贡献分配"的发展过程，相应的收入分配导向也经历了从忽视劳动差别的"一般劳动激励"到重视劳动质量差别的"人力资本激励"，再到重视所有要素对生产贡献的"要素全面激励"（特别是高端要素）的演变历程。技术、管理、人力资本等要素在经济增长中的地位越来越重要，将越来越成为收入分配激励的导向。

（2）分配导向的设定是服务于产业发展目标的。"按劳分配"的"一般劳动"导向通过集中管理分配，人为压低劳动力成本，为重工业发展提供了有力支持，推动了重工业快速发展，可以说此时分配制度的设定是服务于重化工业发展目标的；为了纠正重工业集中发展导致的产业结构失衡问题，促进产业多元化发展，我国提出了"部分先富"的政策，以"人力资本"为分配导向，通过鼓励人们诚实劳动、合法经营，提高自身收入，改善了人民生活，提高了消费能力，从而在市场机制作用下促进了与生活、消费相关产业的发展，改善了重工业发展后劲无力的产业结构，促进了产业多元化发展；"按要素贡献分配"的"要素全面激励"政策承认所有要素在经济发展中的贡献，主张按要素贡献获得合法收入，特别是对资本、技术、管理、人力资本等高级要素参与分配给予肯定和鼓励，激励了不同要素所有者的生产积极性和创造性，从而提升了产业层次，促进产业结构优化升级。我国收入分配制度及其激励导向的变迁与产业结构优化升级之间的关联参见表 3.4.1。

表 3.4.1　　　　　　我国收入分配的要素导向与产业发展

分配制度	分配导向	产业发展
按劳分配	一般劳动激励	重化工业集中发展
让一部分人先富起来	人力资本激励	产业发展多元化
按要素贡献分配	要素全面激励，特别是人力资本、技术、管理等高级要素	产业结构优化升级

（3）要素积累与产业结构优化是互动匹配的。生产方式决定分配方式，这是经济学的基本原理，选择什么样的产业发展方式，就要求相应的要素积累和要素支持，中华人民共和国成立初期实行的"按劳分配"就是适应重化工业集中发展要求的产物，重工业发展对的资本的需求远远大于对劳动的需求，因此，重化

工业发展要求资本要素的有效积累，而按劳分配正好适应了这一要求，因而促进了当时的重工业发展；同时，人力资本的积累与提升对产业结构优化也具有先导作用，引领产业发展方向，我国"部分先富"和"按要素贡献分配"就是因为刺激和激励了能动要素的积极性和创造性，从而推动了密集使用该要素的生产部门的扩张，促进了产业多元化发展和产业结构优化升级。

随着经济增长源泉的演变和发展方式的转变，一方面，要素积累已经从土地、劳动、资本逐渐转向人力资本、技术、管理等要素，要素升级必然推动产业向现代产业发展；另一方面，产业结构优化升级的过程也是要素重新配置的过程，产业升级要求相应的要素积累和提升作为支撑，因此，要素积累与产业结构优化升级是匹配发展的，随着人力资本成为新的增长源泉，人力资本提升与产业结构优化升级将在互动匹配中推动经济持续增长。

从纵向看，我国收入分配制度的演变历程体现了收入分配优化与经济增长相互制约相互促进的关系。从"按劳分配"到"部分先富"再到"按生产要素贡献分配"的制度演变过程，不仅是经济增长的过程，同时也是收入分配优化的过程。分配制度的每次变革都是为了纠正经济增长过程中出现的分配失衡问题，这意味着，经济增长不能脱离分配公平而独立存在，随着经济增长水平的提高，分配公平问题将日益重要，并成为经济增长过程必须考虑的因素，经济的持续增长需建立在分配公平的基础上。

二　我国分配导向存在的问题

我国目前"按要素贡献分配"的要素全面激励机制虽然在一定程度上推动了产业结构优化与经济发展，但由于要素占有的不均衡及其缺乏有效的收入调节机制，要素间的收入差距日趋扩大，特别是人力资本要素与物质资本要素之间的收入差异逐渐拉大，偏离了要素全面激励的基本导向。如果仅从劳动和资本要素间的分配差异看，劳动报酬在初次分配中的比重持续下降，资本报酬比重却持续攀升，我国劳动收入份额由 1996 年的 53.4% 下降到了 2009 年的 46.6%（根据历年《中国统计年鉴》计算），而资本收入占 GDP 的比重由 1996 年的 32.2% 上升到 2007 年的 46.1%（周明海等，2010a）。虽然物质资本对我国经济增长发挥了不小的作用，但与新的经济发展方式和产业升级要求不相符，新的经济发展方式要求人力资本成为增长的主要推动力，相应地，收入分配必须提升人力资本回报以激励人力资本有效积累。

我国现阶段要素回报间的差异不仅源于要素间的质量差别，很大程度上还源于政策偏向性导致的资源占有不均衡。事实上，在没有进入共产主义阶段之前，人与人之间是存在差别的，特别是人力资本存在很大差别，人力资本积累的差异性导致的收入分配不均衡是分配制度激励的导向，只有拉开不同层次人力资本回报的差异，才能激励人力资本有效积累。然而，除了人力资本本身的差异性，政策制定的偏向性也将导致人们对要素占有的不均衡，从而带来要素回报差异。现实中的回报差异究竟是由于人力资本带来的还是制度因素带来的往往很难区分，因为人力资本禀赋较高的人不仅会在市场竞争中获得高收入，还往往有实力改变制度权利，使分配体系有利于自己，并限制生产要素在行业和地区间自由流动，以致正常的市场机制无法发挥，要素间的回报差异被扭曲。

无论是由于人力资本因素带来的还是政策因素带来的收入差距，达到一定程度都会危害社会稳定，阻碍经济长期发展，如果没有良好的再分配调节机制和分配制度的自我完善，社会主义建设最终将偏离共同富裕的目标，危害社会稳定。既然"按要素贡献分配"的激励机制承认不同要素贡献的差异，就应承认基于贡献而形成的回报差异，但在共同富裕目标下，也要防止要素回报的相对差异过分拉大，以免造成要素积累失衡。再分配调节机制对于居民内部收入差距有一定调节作用，但并不能从根本上改善两极分化的局面，更无法解决初次分配中要素回报失衡问题。因此，还必须从初次分配入手，培育推动分配制度调节与完善的有效动力。

第四章

发展方式转变背景下的要素
收入分配导向：人力资本

从收入分配经典理论演变轨迹来看，收入分配总是导向于激励能带来最大增长的生产要素，随着经济增长源泉的演变，分配导向也随之改变，分配导向演变的最终目的则是促进经济增长。我国要素分配导向的演变除体现上述特征外，还体现分配导向对产业发展策略的服务性，收入分配优化与经济增长谋求兼容的特征。本章基于经济发展方式转变背景，论证要素分配导向与产业特征的内在关联，论证收入分配的目标导向要谋求公平与效率的兼容，而人力资本提升与产业结构优化的动态匹配是实现这一目标导向的契合所在。

第一节　经济增长源泉演变

经济增长是人类永恒的话题，发展中国家谋求经济增长是为了摆脱贫困，走向富裕；发达国家关注经济增长，是为了探究增长的源泉，以保持经济持续增长。无论处于哪一个发展阶段，各个国家都渴望了解经济增长的奥秘，探究如何使财富获得积累和增长，由此也形成了不同的经济增长理论，增长理论在不同时期的发展过程实质上也是探求和发现增长源泉的过程。增长源泉从土地、劳动、技术演变为人力资本，相应地，这意味着要素分配导向也将逐步转向人力资本。

一　古典经济学早期：经济增长的源泉是土地与劳动

古典经济学早期（17 世纪初到 18 世纪末）对增长源泉的探索源于 17 世纪末的重农主义学派①，该学派将农业放在国民经济的首要地位，认为农业是社会财富的首要来源，只有农业才是国民财富增长的根本，因此，主张发展资本主义大农业，促进经济发展。重农主义对农业的强调源于重商主义发展对农业造成的损害，从而也造成了商业发展的不可持续，法国启蒙思想家由此推崇中国古典农耕文明。

重农主义先驱布阿吉尔贝（Boisguillebert）在《法国详情》（1697）和《论财富、货币和赋税的性质》（1705）中明确地提出了重农主义财富增长思想：农业是一个国家国民财富增长的根本，经济要增长首先要发展农业生产，整个国家经济都依赖土地肥沃地区的食品增长。重农主义学派另一位创始人魁奈（Quesnay）在《经济表》（1758）中分析了社会再生产和流通过程，认为只有"纯产品"增加，一国财富才能增长，其他行业不过是改变了来自农业的物质财富的原始形态。所谓"纯产品"是特指农业生产活动所生产的财富减去生产过程中所消费的财富之后的余额，魁奈指出，"只有农业生产才能创造纯产品，土地是财富的唯一源泉，只有农业能够增加财富"②，"工业制品生产中，并没有财富的增加，因为工业制品价值的增加，不过是劳动者所消费掉的生活资料价格的增加……并不存在财富的增加"③。

可见，法国重农主义学派认为土地是财富增长的唯一源泉，这主要是因为农业还是当时主要的产业，而农业劳动之间的差别

---

① 虽然在重农主义之前的重商主义也曾对财富增长的源泉作过一定探索，但该学派认为只有商业是财富增长的唯一源泉。笔者认为，商业并不属于经济增长的要素范畴，且商业不属于生产领域，商业带来的金银流入并没有从根本上增加财富积累，当时的重商主义也并没有形成稳定的分析范式，因此，本书并未将重商主义的财富增长观点列入经济增长源泉演变历史。

② 魁奈：《魁奈经济著作选集》，吴斐丹等译，商务印书馆 1981 年版，第 333 页。

③ 同上书，第 85 页。

并不明显，因此，土地的差别是带来经济增长速度差别的主要因素，土地被认为是当时经济增长的唯一源泉。但是必须承认，没有劳动，仅有土地，社会财富也是无法增加的，魁奈之后的另一位重农主义代表人物杜尔哥（Turgot）1766 年便提出了"只有农民的劳动才能使自然生产力得以发挥，形成'纯产品'，农业劳动者是唯一这样一种人，他的劳动生产出来的产品超过了他的劳动工资"①。

与魁奈几乎同一时期，英国古典政治经济学家威廉·配第（William Petty，1623—1687）提出了自己的有关财富源泉的观点，他在 1662 年的《赋税论》中提出"土地是财富之母，劳动是财富之父"的观点，将商品价值的源泉归为劳动，认为劳动生产率的提高是促进国家财富增长的主要因素。与重农主义只重视农业生产和土地要素不同，配第更加重视劳动，认为劳动是财富增长的唯一源泉，特别是从事生产性劳动的人口数量是财富增长和积累的重要因素，因此他主张通过人口繁殖增加劳动人口数量，丧失土地的农民也应到工厂去工作，增加一国从事物质生产的人口比例，同时提高劳动生产效率，从而最大限度地促进国家财富增长。可见，配第认为劳动要素是经济增长的唯一源泉，这与当时以农业为主的产业结构和当时的经济发展阶段有关。

二　古典经济学晚期：经济增长的源泉是资本

配第之后一百多年，英国已经开始从农业国逐渐向工业国转变，工厂手工业已经有了一定发展，水利纺纱机、单动式蒸汽机等机械设备相继出现，加速了英国经济发展和向工业国转变的过程。在当时的资本主义经济社会背景下，如何促进经济进一步发展，寻求经济增长的源泉，成为亚当·斯密（Adam Smith）从事

---

① ［法］杜阁：《关于财富的形成和分配的考察》，南开大学经济系经济学说史教研组译，商务印书馆 1978 年版，第 22 页。

《国富论》研究的主要动机之一。

同配第一样，斯密同样认为劳动是财富增长的源泉，可以通过提高劳动生产率和增加从事生产性劳动的人口数量两条途径提高国家财富积累，但与配第主张通过人口繁殖增加人口数量不同，斯密认为，增加从事生产性劳动的人口比例，需要增加积累用以雇佣工人的资本，因此，斯密就将国民财富的增长归结为分工的发展（提高劳动生产率，这同配第是一样的）和资本的积累。

斯密是基于"利己心"来探讨财富增长过程的，他认为，财富增长与"经济人"的"利己心"分不开，对个人利益的追求，客观上却促进了整个社会财富的增加。资本家从事资本投资时，考虑的是个人利益，但会驱使他们不断积累资本以雇佣更多的工人扩大生产，这客观上促进了生产和财富的增加，也增加了工人的收入；工人选择受雇时，考虑的是个人收入，但从事工作不仅增加了自己的收入，改善了生活条件，同时也增加了社会财富，促进了资本积累。因此，斯密认为，"每个人改善自身境况的一致的、经常的、不断的努力是社会财富、国民财富及私人财富所赖以产生的重大因素"①。

当资本主义进入机器大工业时代，手工业内部的分工模式对生产率的带动作用逐渐弱化，于是萨伊就将资本积累看作国民财富增长的基本源泉，提出了生产和分配的三要素论——劳动（工资）、资本（利息）、土地（地租），并强调了资本积累对于经济增长的作用。萨伊（1814）认为机器生产（资本）降低了产品生产费用，使生产和所有消费者都从中获益，因此，应重视资本积累和教育、科技的发展。萨伊还提出了著名的萨伊定律，即"供给创造需求"，既然供给自动创造需求，那么这意味着不管资本以多大规模积累，生产以多大规模增长，都会有需求满足供

①　［英］亚当·斯密：《国民财富的性质和原因的研究》（上卷），郭大力等译，商务印书馆1983年版，第310页。

给，不会出现销售困难，不会出现产品过剩的情况。根据这一定律，资本可以无限制积累，从而也奠定了资本积累在经济增长中的重要地位，为资本积累是经济增长的基本源泉提供了理论前提。

李嘉图（Ricardo）同样把资本积累看作国民财富增长的基本源泉，认为国民财富的增长速度取决于利润率，利润转化为资本从而形成了资本积累。李嘉图生活在资本主义大工业迅速发展期，当时的劳动生产率已经大大提高，为了探究如何促进资本主义经济继续发展，他研究了相应的理论和政策。与之前研究不同的是，李嘉图从分配而不是从生产的角度研究了如何促进资本主义经济增长，他认为，收入如何分配直接影响资本积累和财富增长，"确立支配这种分配的法则，乃是政治经济学的主要问题"①。在工资、利润和地租这三种基本社会收入中，李嘉图认为利润对社会生产力的发展最重要，只有利润增加，才能增加资本积累。因此，李嘉图主张通过国民收入的合理分配和再分配，使利润、资本积累不断增长，促进社会财富无限增长。他在《政治经济学及赋税原理》（1821）中证明了利润增长决定资本积累，资本积累决定生产力发展和财富增长，从而也证明了产业资产阶级利益同生产力发展的要求是一致的，为资产阶级追求利润、积累资本和发展资本主义经济提供了理论武器。

同萨伊一样，李嘉图也认为供给可以创造无限需求，生产满足不了不断增长的消费需求，不会引起生产过剩的经济危机。

古典经济学盛行的时代是自由资本主义时期，因此学者们主张按照市场规则自由发展，政府无须干预，经济增长是市场运行的必然结果。然而随着资本积累和生产无限扩大，资本主义生产过剩危机开始出现，放任自流的做法无法挽救市场危机，因此，出现了主张政府干预经济的理论。凯恩斯（Keynes）否定了萨伊

---

① ［英］彼罗斯拉法主编：《李嘉图著作和通信集（第一卷）·政治经济学及赋税原理》，商务印书馆 1962 年版，第 3 页。

定律，认为正常情况下，资本主义经济没有自动达到充分就业均衡的趋势，总需求一般小于总供给，要使经济达到充分就业均衡，国家必须担负起增加总需求的责任，强调了国家干预经济的作用，提出了有效需求原理。凯恩斯认为国民经济取决于消费（C）、投资（I）和政府购买（G），即 $Y = C + I + G$，并强调了投资对国民增长的作用，提出了投资乘数 $K = \dfrac{\Delta Y}{\Delta I} = \dfrac{\Delta Y}{\Delta Y - \Delta C} = \dfrac{\Delta Y}{1 - \dfrac{\Delta C}{\Delta Y}}$，由于消费的边际倾向在长期内是稳定的，且 $\dfrac{\Delta C}{\Delta Y} < 1$，因此，投资乘数 $K > 1$，这意味着其他条件不变时，投资能带来国民经济的更快增长。而投资来源于储蓄，由于富人有更强的储蓄倾向，因此，凯恩斯认为分配不均有利于富人储蓄和资本积累，如果储蓄顺利转化为投资，则能推动经济持续增长。可见，凯恩斯也认为资本积累是财富积累的基本源泉。凯恩斯的分析是从短期进行的，哈罗德（Harrod，1939）和多玛（Domar，1946）的工作则使凯恩斯的理论长期化，但他们同样认为，储蓄转化为投资，促进资本积累有利于推动资本主义经济增长。持此观点的学者还有罗宾逊（J. Robinson）、卡多尔（Kaldor）等人。

三　新古典经济学：经济增长的源泉是技术

马歇尔（A. Marshall）创建了经济学新的分析方法（局部均衡分析），并将萨伊的三要素论发展为土地、劳动、资本和企业组织四要素论，是最早将"组织"作为一种独立生产要素的学者。马歇尔也十分重视资本积累对经济增长的作用，认为投资增加会带来剩余产品，增加财富积累，特别是"在生产技术方面，以及为了帮助和支持未来生产的劳动而积累的资本方面会有增进，就会增加剩余，从这剩余中就能积累较多的财富"①。

---

① ［英］马歇尔：《经济学原理》（上卷），商务印书馆 1983 年版，第 240 页。

　　除了资本的作用，马歇尔还特别强调了知识和技术对经济增长的作用，他指出，"知识是我们最有力的生产力"[①]，教育和科学技术能提高一国的生产力，促进经济增长。组织是一种管理方式，是知识和技术应用的体系，因此，组织的加入将大大改进劳动和资本的使用率，推动财富增长和经济增长。此外，熊彼特、罗斯托等人也都强调企业家、创新等因素对经济增长非同一般的作用。

　　索洛（Solow）通过模型化的方法阐述了技术对生产和经济的重要作用，索洛将经济总量生产函数设定为：

$$Y = AL^{\alpha}K^{\beta} \ (\ 0 < \alpha < 1 , 0 < \beta < 1\ ) \tag{4.1}$$

　　式（4.1）中，Y 代表产出数量，A 代表技术水平，L 代表劳动投入数量，K 代表资本投入数量，α 和 β 分别代表劳动和资本的产出弹性。对上述总量生产函数求增长率，可以得到：

$$g_y = g_a + \alpha g_l + \beta g_k \tag{4.2}$$

　　式（4.2）表明，一国的经济增长率（g_y）是由技术进步（g_a），劳动投入数量的增长率（g_l）与劳动产出弹性（α），以及资本投入数量的增长率（g_k）与资本产出弹性（β）等因素决定的。索洛将技术进步对经济增长的贡献明显地分离和表达了出来，让人们充分认识到了技术对经济增长的作用。

　　进一步，我们还可以根据经济增长因素公式计算技术进步对经济增长的贡献率：

$$\frac{g_a}{g_y} = 1 - \alpha \frac{g_l}{g_y} - \beta \frac{g_k}{g_y} \tag{4.3}$$

　　式（4.3）中，$\dfrac{g_a}{g_y}$ 代表技术进步对经济增长的贡献率，$\alpha \dfrac{g_l}{g_y}$ 代表劳动投入对经济增长的贡献率，$\beta \dfrac{g_k}{g_y}$ 则表示资本投入对经济增

---

① ［英］马歇尔：《经济学原理》（上卷），商务印书馆 1983 年版，第 157 页。

长的贡献率，显然，$\dfrac{g_a}{g_y}$ 可被视为经济增长中除去劳动和资本贡献之后的余额，因此技术进步对经济增长的贡献又被称为"索洛剩余"（Solow Residual），或称为全要素生产率（Total Factor Productivity，简称 TFP）。

在经济增长过程中，如果 $\dfrac{g_a}{g_y} > \alpha \dfrac{g_l}{g_y} + \beta \dfrac{g_k}{g_y}$，则表明经济增长主要是通过技术进步来推动的。[①] 索洛将技术因素直接从增长中分离出来的模型化方法对于经济增长理论的发展具有十分重要的作用，使人们清晰地认识到技术进步在经济增长中的重要作用，为增长理论的深入发展奠定坚实基础，也为今后学者研究技术进步的源泉起到了引领和启迪的作用。索洛之后，拉姆齐、卡斯、库普曼斯等人在技术进步与经济增长方面做出了新的贡献（Ramsey-Cass-Koopmans Model，简称 R-C-K 模型），尝试用跨期模型解释经济增长，但关于经济增长要素源泉方面，与索洛并无二致。

四　内生增长理论：经济的增长源泉是人力资本

在索洛和 R-C-K 增长模型中，技术进步是一个外生变量，技术因素的引入只能说明经济存在长期增长的可能性，但对于长期增长的机制，两个模型并没有进行解释。由于索洛模型假定技术进步外生，而边际生产力递减规律决定了土地、资本和一般劳动生产率都是递减的，因此资本不可能无限积累，从理论上讲经济无法持续增长，而现实却是，经济增长从未停止过。因此，必然存在一种（或几种）其他要素能够缓解或抵消资本边际收益递减，唯此才可能保持经济持续增长，内生增长理论在这方面做

---

① 有关新古典经济增长理论和新经济增长理论的文献可以参阅［英］唐纳德·A. R. 乔治、［新西兰］莱斯·奥克斯利、［新西兰］肯尼斯·I. 卡劳编《经济增长研究综述》，马春文、李敬国、杨丽欣译，长春出版社 2009 年版。

出了贡献。

内生增长理论将索罗模型中原本外生的技术进步率、人口增长率等因素完全内生化，强调经济增长不是外部力量而是经济体系的内部力量（如内生技术变化）作用的产物，因而该理论"具有动态最优决策和经济参数不变而经济变量自发变化的特征"（叶飞文，2003），也因此被称为内生增长理论。内生增长理论认为技术进步是长期经济增长的关键，而技术进步又是知识积累的结果，因此知识的持续积累是技术进步得以实现的条件。因此，内生增长理论十分重视对知识外溢性、人力资本投资、研究和开发、收益递增、边干边学等内容，也由此形成了 AK 模型（J. V. Neumann，1937）、"干中学"（J. Arrow，1962）、研究开发模型（S. Phelps，1966）、罗默模型（P. Romer，1986，1990）、人力资本模型（R. Lucas，1988），等等。其中，罗默和卢卡斯的工作对内生增长理论的发展做出极大贡献，特别是卢卡斯将人力资本首先引入生产函数，改变了传统生产函数的要素投入结构，并将人力资本内生化，用人力资本要素重新解释了经济增长率和人均收入在国与国之间的差异，由于人力资本具有边际收益递增的特性，可以有效克服传统资本收益递减的局限，从而证明了经济持续增长的可能性。

人力资本模型经由 Mankiw、Romer 和 Weil（1992）等人的发展，现已形成较为成熟的 MRW 模型，该模型在规模报酬不变和哈罗德中性技术的框架内建立了自己的函数形式：

$$Y = K^{\alpha} H^{\beta} (AL)^{1-\alpha-\beta} \tag{4.4}$$

式（4.4）中，Y 代表产出数量，A 代表技术水平，L 代表劳动投入数量，K 代表资本投入数量，H 代表人力资本投入数量，α 和 β 分别代表劳动和资本的产出弹性。对 MRW 模型求增长率，在不考虑资本折旧的情况下，有式（4.5）成立：

$$\hat{Y} = \alpha \hat{K} + \beta \hat{H} + (1 - \alpha - \beta)(n + g) \tag{4.5}$$

式（4.5）中，$\hat{Y}$ 为经济增长率，$\hat{K}$ 为物质资本增长率，$\hat{H}$ 为人

力资本增长率，g 为内生的技术进步率，n 为人口增长率。由此可见，人力资本增长率是决定经济增长的一个重要因素，在物质资本和一般劳动边际收益递减的条件的情况下，人力资本的引入使经济有可能克服收益递减，保持经济持续增长。

内生增长理论不仅将技术和人口增长内生化，而且引入了传统生产函数所没有的新要素——人力资本，人力资本的引入是对传统生产函数的重大突破和创新，寻找到了促进经济持续增长的要素支持（源泉），解释了经济之所以能够持续发展的重要原因，为解释国家之间、地区之间的经济发展差异提供了新的视角。

五　经济增长与制度因素

诺斯（D. C. North，1973）认为，经济增长的关键因素在于制度，一种有效的激励制度是促进经济增长的决定性因素。诺斯从西欧的兴起过程总结出，有效率的经济组织是经济增长的关键，而有效率的组织的产生需要在制度上作出安排和确立产权，以便对人的经济活动造成一种激励效应，一个社会如果没有实现经济增长，那就是因为该社会没有为经济方面的创新活动提供激励（杨依山，2008）。因此，按照这种说法，诺斯实际上认为在所有的制度中，产权制度最重要，特别是财产权利，它为规范人们的行为提供了通行的准则，激励人们进行创新活动，促进了效率提升。按照古典、新古典经济学的观点，资本积累、技术进步、教育知识积累等是经济增长的重要源泉，但诺斯认为，这些因素本身就是增长。

格雷夫（Grief，1993）将制度看作规则、信念和组织的集合，规则协调人们的行为而使人不需要过多信息就能开展有效率的行动（杨依山，2008）。人们之所以愿意遵守规则、选择被期待的行为，是因为这是他们在既定的制度结构下能够作出的最优的反应，大家都按同一套规则作出行动，节约了交易成本，提高了效率。

产权理论和交易费用论是制度学派关于制度与经济增长关系的两大理论，其中产权强调的是制度激励，刺激人们为自己权利而积极创新，提高收入，从而间接推动了经济增长，因而产权安排是一种激励制度；而交易费用论强调规则安排的透明统一，人们按照同一套规则作出行动，也可以预期其他人的行为，为自己作出最优选择提供了依据，因此节约了交易费用，降低了经济增长成本。主张制度因素对经济增长重要作用的还有科斯、托马斯、韦伯等人。

从经济增长理论和经济增长要素源泉的演变历程可以发现，经济增长源泉经历了土地——资本——技术——人力资本——制度因素的演变过程，这不仅同当时的生产力发展有关，也与当时的产业发展紧密联系，在重农主义的配第等人生活的大农业时代，农业是主要的产业，衣食基本都来源于农业生产，土地和劳动自然是当时最重要的生产要素，也自然被视为经济增长的源泉；到了工厂手工业时代，分工有了一定发展，劳动生产率有了一定提高，也出现了一些简单的机器设备，为了适应资本主义生产和工业化建设，资本积累成为首要选择，资本也成为最重要的增长要素。随着机器大工业发展和新发明的出现，人们发现了经济增长中劳动和资本无法解释的部分——索洛剩余，因此，将技术因素引入生产函数，科学技术成为新的增长源泉；由于资本和土地边际收益递减，意味着资本不可能无限积累以维持经济持续增长，但事实却是经济一直在增长，于是人们开始探索新的增长源泉——人力资本，这种新要素具有收益递增的特性，克服了资本的边际收益递减，使经济持续增长成为可能。制度作为一种新要素被提出来，是因为制度安排有刺激、激励创新和节约交易费用的作用，但归根结底，制度是人制定和安排的，因此，制度创新的关键在于具有创新意识的高层次人力资本，是人力资本应用于生产和社会管理的结果。同样，技术也是如此，科学技术的发明和应用从根本上也来源于人力资本，因此，经济增长源泉最终的落脚点和归宿是人力资本，人力资本是经济增长新的源泉，也将成为要素分配导向的归属。

第二节　我国产业发展战略演变

从收入分配理论和我国收入分配导向演变实践来看，分配导向的制定是根据一定阶段的产业发展战略提出的，是服务于产业发展目标的。从中华人民共和国成立初期的重化工业集中发展，到改革开放时期的劳动密集型产业优先发展，劳动要素的价格一直被人为地压低，以服务于产业发展和经济增长。在以"发展高新技术产业和全面发展现代服务业"为产业发展战略目标的要求下，高新技术产业和现代服务业的核心要素——人力资本，特别是异质性人力资本理应成为分配激励的导向。

中华人民共和国成立初期我国实行的重工业集中发展战略，虽然在一定程度上促进了当时的经济发展，但是对资源消耗依赖过大，不仅极力压低劳动者收入，以牺牲消费为代价，更造成了我国产业结构严重失衡。20 世纪八九十年代，根据我国比较优势作出的发展劳动密集型产业的发展战略，以低廉的劳动成本为代价支撑了我国 30 年的高速增长（江小涓，2008），劳动密集型产业也曾一度被认为是我国的比较优势产业，然而，研究证实，我国的低劳动成本优势是建立在较低的劳动生产率以及更低的工资水平上的（钱雪亚，2012），实际上，并不具有"单位产出劳动成本（ULC）"[①]优势，劳动密集产业曾经造就的增长仍然是依靠压低劳动者工资换取的，当"公平"与"效率"不可兼得时，被牺牲掉的总是普通劳动者。

---

① 根据国际劳工组织和 OECD 专家合作完成的"劳动力市场关键性指标"（KILM）体系，"单位产出劳动成本"等于"名义劳动力成本/实际产出增加值"，也等于"单位小时劳动力成本/劳动者每小时创造的增加值"，或"劳动报酬水平/劳动生产率"。

　　在力图转变经济发展方式，促进产业结构优化升级的今天，特别是《十二五规划纲要》提出要"努力提高居民收入在国民收入分配中的比重，提高劳动报酬在初次分配中的比重"的要求下，以低劳动生产率和更低的劳动报酬为特征的劳动密集型产业正面临极大挑战。转变产业发展方式和提升产业层次，必须以提高劳动生产率为基础，只有将劳动者收入提高建立在更高的劳动生产率基础上，才能实现提高劳动者收入与保持"单位产出劳动成本"优势同时存在，并逐步推动劳动密集型产业向人力资本密集型产业转变。

　　中共十六大根据世界经济科技发展新趋势和走新型工业化道路的要求，提出了我国推进产业结构优化升级的战略部署和目标，即"形成以高新技术产业为先导、基础产业和制造业为支撑、服务业全面发展的产业格局"，十六届五中全会又明确指出："产业结构调整的关键在于全面增强自主创新能力，努力掌握核心技术和关键技术，增强科技成果转化能力，提升产业整体技术水平。"可见，我国的产业结构优化战略部署中，已明确全面发展高新技术产业与服务业的产业发展倾向，并提出产业调整的关键在于"自主创新能力"这一核心要素，因此，分配政策必须坚持以人力资本为导向，激励具有自主创新能力的人力资本积累与有效运用，即激励异质性人力资本积累。

　　产业结构是否高级化，不是看该产业生产什么，而是要看用什么生产，因此，只有坚持以"人力资本"为分配导向，激励人力资本积累与运用，将人力资本作为主要的生产要素投入，才能真正促进产业结构优化升级。

第三节　人力资本导向下的分配：新经济增长中公平与效率兼容

　　无论收入分配经典理论还是我国分配实践都表明，收入分配合理性化是分配制度演变的内在驱动力，从我国收入分配制度演变的纵向逻辑看，更加体现分配制度优化的重要性和迫切性，而收入分配合理化问题的核心在于分配中对"效率"与"公平"关系的处理。

在传统经济增长方式下，物质资本是推动增长的主要力量，因此，若以效率为目标，分配制度的激励导向必然指向物质资本，降低劳动者回报，从而牺牲公平；反之，若以公平为目标，则分配必然提高劳动者回报，降低物质资本回报，这必然导致物质资本无法有效积累，从而牺牲效率。因此，在传统增长方式下，分配的效率与公平是不可兼得的，二者只能选择其一。

在新的经济增长方式要求下，人力资本成为推动经济增长的主要力量，无论追求效率还是公平，人力资本都是最终归属，因此分配的公平和效率可以实现兼容。若追求效率，则要求分配制度激励导向于人力资本，提高人力资本回报，促进了公平的实现；反之，若追求公平，则要求提高人力资本回报，而人力资本回报提升会激励人力资本积累，从而促进增长，进一步提高效率。因此，新的增长方式下，收入分配的效率与公平可以实现兼容。

一　收入分配中的效率与公平：要素积累与要素回报

收入分配中的"效率"与"公平"问题是经济学一直探讨的话题之一，关于分配效率推动增长，做大"蛋糕"，以及公平影响效率功能发挥的观点，学界已基本达成共识，但是对于"效率"与"公平"是否能有效兼容的问题，却一直存在争议。在讨论效率与公平关系之前，明确效率与公平的含义十分重要。

（一）收入分配中的效率

收入分配制度是一种激励制度，根据西方激励理论，激励是通过设计适当的奖惩制度（利益刺激）持续激发动机的心理过程，激励水平越高，完成目标的努力程度和满意度也越强，工作效能就越高；反之，激励水平越低，则缺乏完成组织目标的动机，工作效率也越低。

收入分配制度实际上就是一种关于利益分配的激励制度设计，如果分配合理，将提高人们的生产积极性，促进经济发展；反之，则会降低人们的生产积极性，阻碍经济发展进程。根据激励理论，在分配中，人力资本、管理、技术、资本等要素所有者只有得到与其付出匹配的报酬，才能在生产中直接激励其从事经济活动的积极性，提高经济增长效率，促进经济增长的持续性。

党的十三大以后实行"让一部分人先富起来"的分配政策实质上就是通过物质利益刺激人们的生产积极性，因为通过自己努力工作，合法劳动、诚实经营将获得更多的收入，而不再是平均主义"大锅饭"时期"干多干少一个样"了，劳动数量和质量的差别直接体现为收入的差别。"让一部分人先富起来"的人力资本激励通过收入的提高使人们有动力更多地积累人力资本，增加提高收入的能力，从而促进了经济增长。

可见，收入分配制度激励中的效率指的是通过收入分配促进要素积累，从而推动经济增长，分配效率的核心在于促进增长要素积累。

（二）收入分配中的公平

一直以来，公平是被作为效率的另一面提出来的，认为效率决定公平，只有在经济增长的前提下才能谈公平。实际上，在这种提法里，公平是被当作妨碍效率提升、阻碍经济增长的，似乎公平就意味着平均主义，我国经济发展和分配制度演变过程中也确实出现过因为强调公平而导致的平均主义"大锅饭"的悲剧。实际上，不存在绝对的公平，只有相对的公平。

"效率"与"公平"是一枚硬币的两面，不可分割，当效率问题被提出来时，公平问题也一定是被提出来的。西方激励理论在强调激励形成效率的同时，也关注公平问题，并将公平理论作为激励理论体系的一个构成。美国行为科学家亚当斯

（J. S. Adams）提出的公平理论①（又称为社会比较理论）就被列为西方经典激励理论之一，该理论的基本观点是：当一个人做出了成绩并取得报酬后，他不仅关心自己所得报酬的绝对量，还关心自己所得的相对量，通过同他人报酬的比较，判断自己所得是否合理，比较的结果将影响他今后工作的积极性。

亚当斯（1965）的公平理论中，一个人判断自己所得报酬的相对量是从两个方面进行的：一是将自己所得报酬与自己的付出（如教育程度、工作努力程度、工作时间等）的比值与他人比较，只有相等，才认为公平，公平的分配将激励他继续努力工作；反之，若自己的实际回报不如他人，则会影响他今后工作的努力程度。二是将自己现在的报酬与付出的比值同自己过去相比，只有不小于过去的实际所得，才认为是公平的；反之，则会影响他的工作积极性，形成负向激励。可见，公平理论实际上认为，公平是激励效率的保障，只有分配公平才能保障生产中的效率，进一步激励劳动者的生产积极性和创造性，从而保障分配激励的持续性，推动经济持续增长。一方面，劳动者得到应有的报酬，不仅可以改善其生活水平和健康，还可以增加对自身和子女的教育投入，提高人力资本素质积累；另一方面，劳动者收入提高会增加市场购买力，提高消费需求层次，从而刺激产业结构改善，推动经济高质量增长。

可见，收入分配中的公平是指生产要素获得与自身贡献相匹配的回报，从而进一步激励要素积累和提升。

（三）效率与公平的关系

从上述论述可知，分配效率指的是通过收入分配促进要素积累，从而促进经济增长；而分配公平则指的是要素获得合理回

---

① 该理论是亚当斯在《工人关于工资不公平的内心冲突同其生产率的关系》（1962，与罗森鲍姆合写）、《工资不平等对工作质量的影响》（1964，与雅各布森合写）、《社会交换中的不公平》（1965）等著作中提出来的一种激励理论，侧重于研究分配的合理性、公平性对工人生产积极性的影响。

报，进而促进要素持续积累。那么，收入分配中的效率与公平实际上存在相互促进的关系，分配公平促进要素积累，要素积累促进经济增长，而经济增长要求要素持续积累，从而要求回报合理。但是一直以来，无论学界还是分配实践中，关于效率与公平是否可以兼容的问题，一直争论不休。

多数学者坚持"冲突论"，认为分配激励的公平与效率是不可兼得的，追求效率必然牺牲公平，追求公平必然牺牲效率。至于应该效率优先还是公平优先，不同学者看法不同。效率优先论认为收入分配应始终坚持以经济建设为中心，坚持效率优先，只有经济发展了，财富增加了，才能在更高的层次上实现分配公平，效率决定公平，这是大多数学者的观点；公平优先论认为，公平是人类追求的崇高理想，是人类生存发展不可侵犯的权利，只有公平优先，才能显现社会对人的权利的尊重，才能促进人的全面发展。然而，如果一味地倡导公平优先而忽视效率，要素所有者不能得到合理报酬，必然无法激励要素积累，从而阻碍经济增长，特别是我国还处于社会主义初级阶段，经济发展是主要任务，只有经济发展了，财富增长了，才能为人民提供更坚实的可供分配的"蛋糕"，才能在更高的水平上实现分配公平。

在中华人民共和国成立之初，我国经济发展强调"效率优先"，靠牺牲公平发展经济，一直到20世纪80年代末，当过分强调效率而损害了公平，引起要素回报失衡，影响社会稳定和经济发展时，我国才将公平问题重新提出，但当时的提法是"效率优先、兼顾公平"，公平也只是放在兼顾的位置，主张以合理的收入差距促进效率提升，在效率的提高中实现公平，只有整个国家经济水平提高了，物质丰富了，才能实现高水平的公平。这种做法实际上还是强调效率优先，因而对缓解要素回报间的差异并没有发挥很大作用，于是，党的十四大报告提出收入分配应"兼顾效率与公平"。十四大两者兼顾的说法证明党的分配政策将公平与效率放在了同等重要的地位。但不幸的是，随着经济改革的深入，计划经济体制难以克服的弊端逐渐显现，有些企业甚至重新出现平均主义"大锅饭"的现象，为了促进经济发展，党中央重新调整了"公平"与"效率"的关系，党的十五大和十六大重新提出"效率优先、兼顾公平"的提法：十五大认为，经济效益优于公平问题，效率优先有利于优化资源配置，促进经济发展，公平只是属于"兼顾"的范畴。十六大报告则指出，"初次分配注重效率，发挥市场的作用，鼓励一部分人通过诚实劳动、合法经营先富起来。再分配注重公平，加强政府对收入分配的调节职能，调节差距过大的收入"①。随着改革开放的深入进行，注重效率、侧重增长分配激励导向在促进经济快速发展的同时，也进一步拉大了要素间的收入差距，效率与公平的矛盾更加凸显，并逐渐成为政府、学界和社会各界关注的焦点问题，强调社会公平成为"效率"与"公平"关系问题讨论的重点。

　　为了缓解社会矛盾，维护社会稳定，同时也为了保持收入分配激励的持续性，促进经济持续稳定地发展，党的十七大报告明确提出，"合理的收入分配制度是社会公平的重要体现"，"把提高效率同促进社会公平结合起来，初次分配和再分配都要处理好效率和公平的关系，再分配更加注重公平"②。

　　从我国分配制度关于"效率"与"公平"侧重点演变的过程也可以发现"效率"与"公平"之间的辩证关系，效率促进发展，而公平是效率的保障，二者是相互促进的有机整体。仅仅强调效率而忽视公平，必然会挫伤劳动者的积极性，最终阻碍效率的提升；但仅仅强调公平而不是效率，则会重新走上"平均主义"的老路，最终将导致经济停滞，重返贫穷。只有将二者结合起来，在初次分配和再分配中既重视"效率"又关注"公

---

　　① 《江泽民在党的十六大上所作的报告》，新华网，http：//news. xinhuanet. com/newscenter/2002－11/17/content_ 632268. htm。

　　② 《胡锦涛在党的十七大上所作的报告》，新华网，http：//news. xinhuanet. com/newscenter/2007－10/24/content_ 6938568_ 7. htm。

平"，以效率促进公平，以公平保障效率，寻求使"效率"与"公平"有效兼容的增长机制，才形成收入分配对经济增长的持续激励，在做大、做好"蛋糕"的同时分好"蛋糕"，使人民在更高的物质基础上实现公平。

二　传统经济增长与物质资本驱动：公平与效率的选择

传统经济增长是在生产要素质量、结构、使用效率和技术水平不变的情况下，依靠要素投入规模扩张而实现的经济增长，其显著特点是要素高消耗、成本高投入、产品低质量，又被称为粗放型的增长方式。从经济增长诞生开始，粗放型的增长方式就一直存在，我国虽然一直在着力转型，但目前仍然处于粗放型的增长阶段，关于传统经济增长的源泉及其与要素回报之间的关系，并不是一开始就受到经济学家关注的，直到新剑桥学派将经济增长与要素分配联系起来，并通过其经济增长模型证明，在以物质资本为驱动力的经济增长方式下，收入分配的公平与效率不可兼得。

由于关注的问题和研究的视角不同，古典和新古典经济学家对经济增长和收入分配的论述通常是分开进行的，要么研究经济增长的源泉在哪里，要么研究国民收入如何分配，很少将两者结合起来。直到以卡尔多、罗宾逊等人为代表的新剑桥学派（后凯恩斯学派）（1956）首次将收入分配与经济增长联系了起来，将收入分配直接引入增长模型，探讨了要素收入与经济增长之间的关系。

新剑桥模型有四个基本假设前提：①两种生产要素：资本和劳动；②资本—产量比率不变；③储蓄等于投资；④资本家的平均储蓄倾向和工人的平均储蓄倾向为常数，且前者大于后者。在上述四个假设前提下，新剑桥学派建立了自己的增长模型：

$$g = \sigma\left(s_\pi \frac{\pi}{Y} + s_w \frac{w}{Y}\right) \tag{4.6}$$

式（4.6）中，g 为经济增长率，σ 为资本—产出比（常数），s_π 为资本家平均储蓄倾向，s_w 为劳动者评价储蓄倾向，$\dfrac{\pi}{Y}$ 为利润（π）在国民收入（Y）中所占的比重，$\dfrac{w}{Y}$ 为劳动者收入（w）在国民收入（Y）中所占的比重，该式还可写作：

$$g = \sigma\left[\frac{\pi}{Y}(s_\pi - s_w) + s_w\right] \tag{4.7}$$

可见，在新剑桥学派的增长模型中，经济增长率 g 是 $\dfrac{\pi}{Y}$ 的线性函数［根据式（4.7）］，经济增长率随着资本利润在国民收入中比重的增加而提高，经济增长取决于利润在国民收入中的比重，利润即资本的收入。那么按照新剑桥学派的增长模型，经济增长可以通过改变国民收入在资本和劳动要素间的分配来实现，提高资本收入（利润）是促进经济长期增长的条件。按照新剑桥学派的增长模型，增长必须通过分配上的倾斜来实现，增长的效率和分配的公平不可兼得。

与上述观点类似的还有库兹涅茨等人，库兹涅茨（1955）通过对英、美等14个国家近百年的经济增长统计资料进行统计分析，提出了经济增长与收入分配的"倒 U 形"假说，认为"经济增长的早期阶段，持久收入结构的不均等会不断扩大，当一个社会从前工业文明向工业文明转变的时候，不均等的扩大更为迅速，随后出现一个稳定时期，在后一阶段不均等缩小"。根据"倒 U 形"假说，经济增长的初始条件就是收入分配不均等，增长效率与分配公平是冲突的，两者不可兼得。

事实上，在内生经济增长理论之前，几乎所有的增长模型都认为经济增长取决于要素投入的增长，从古典的土地和劳动要素增长，到哈罗德—多玛模型、索洛模型的资本和劳动要素增长，无一例外地认为经济增长取决于要素投入的增长，随着资本越来越成为经济增长源泉，特别强调资本积累在经济增长中的作用，认为资本积累是经济持续增长的决定因素，相应地，收入分配也更加注重对资本的激励。

然而资本是一种具有边际收益递减性质的要素，随着资本投入量的增加，资本—产出比必然下降，从而减缓经济增长速度。在只有劳动和资本两种要素的情况下，为了促进经济增长，必须继续追加投资，而投资主要来源于利润，为了保持持续的投资，只能继续加大对资本回报的分配，如此循环，在传统的增长方式下，资本要素和劳动要素的回报差异只能持续扩大，这是内生于增长方式的。因此，在传统的经济增长方式下，经济增长的效率和分配的公平存在一种替代关系，两者是不可兼得的。分配制度激励导向的设定也必须有所取舍，如果选择效率，必然牺牲公平，如果选择公平，则必然丧失效率，二者只能选择其一。

三　新经济增长与人力资本驱动：公平与效率兼容

所谓新经济增长，是指依靠生产要素质量和使用效率的提高、生产要素组合的优化，以及技术进步推动的方式促进经济增长，其实质是提高经济增长的质量和效益。随着经济增长源泉的改变，生产中不断出现新的生产要素，逐渐改变原有的增长方式，成为经济增长的主要推动力，生产要素组合和要素贡献的变化，使收入分配不得不重新调整要素间的回报关系。

随着人力资本成为新的经济增长源泉，人力资本因其能动性使得全体要素实现提升，从而使增长效率与分配公平有可能实现兼容，内生经济增长理论，特别是 Romer（1986，1990）、Lucas（1988）的内生技术进步模型和人力资本增长模型证明了这一点。

物质资本边际收益递减，这是在李嘉图时代就已经被阐明的经济学原理，哈罗德、多玛（1956）等人的研究也证明物质资本的边际收益是递减的，因此，随着资本投入的增加，经济增长会逐渐减慢，直至停止增长。然而在过去的一百年，经济增长似乎从未停止过，于是，人们开始探究引起增长的其他源泉。索洛（1957）找到了技术，认为外生的技术进步克服了资本边际收益递减，提高了总产出和资本回报；阿罗（1962）找到了"干中学"，认为，人们"干中学"积累起来的知识资本有利于提高企业生产效率，为经济长期增长创造了可能；罗默（1986）找到了知识积累，认为知识不同于普通生产要素（资本和劳动），它具有递增的边际生产率，从而能够提高资本收益，促进经济长期增长；卢卡斯（1988）找到了人力资本，认为人力资本具有外部效应，且外部收益递增，从而人力资本克服或减缓了物质资本的边际收益递减，提高了总产出。

无论是知识积累、技术进步还是人力资本，只是由于经济学家研究思路和视角的不同，才它他们作出不同分类，其实质都是在经济增长中引入一种具有边际收益递增性质的生产要素，以克服其他资本的边际收益递减，解释经济持续增长的原因。杨小凯（1991）在《经济增长的一个微观机制》一文中就用"在商品生产中积累的劳动"代表积累的经验、知识、技术、人力资本等具有边际收益递增性的生产要素，可见，无论这种带来经济持续增长的新要素如何命名，学界关注的重点在于这种要素的边际收益递增性质。由于知识、技术以及干中学积累的经验都可归类于人力资本，如 Romer（1986）曾明确指出其模型中的知识是等同于人力资本的，因此，笔者认为，具有边际收益递增性质的人力资本是克服物质资本收益递减、维持经济持续发展的新要素。

（一）边际收益递增的人力资本：异质性人力资本

Romer（1986；1990）、Lucas（1988）、杨小凯（1991）等关注的是具有边际收益递增性质的人力资本，只有具有边际收益递增的人力资本才能克服物质资本的边际收益递减，从而促进经济长期增长。事实上，并不是所有的人力资本都具有边际收益递增，具有边际收益递增性质的人力资本只是总体人力资本中的一部分，这一点可从经典理论和经验研究中得到支持。

　　Schultz（1961）、Becker（1985）认为，是专业化人力资本促进了分工的发展和技术的进步，提高了生产力水平和劳动效率，促使经济实现规模报酬递增和长期增长；Romer（1986；1990）认为教育知识资本是一种普遍化的人力资本，而技术知识资本则具有收益递增的特点，它还促使物质资本实现收益递增，从而产生"收益递增的增长模式"；Lucas（1988）认为，具有溢出效应的人力资本提高了自身和其他要素的生产率，使生产实现规模收益递增。从这些经典文献来看，只有专业化、技术知识、有溢出效应的人力资本才具有报酬递增的性质，而非专业化等普通人力资本并不具备边际收益递增。

　　经验研究也证实并非所有人力资本都具有边际收益递增，华萍（2005）研究了不同教育水平对技术效率的影响，结果显示，只有大学教育对效率改善和技术进步都具有有利影响；彭国华（2007）用 Dynamic Panel Data 一阶差分 GMM 估计法对中国1982—2004 年 28 个省、自治区、直辖市的数据进行实证检验，结果证明，只有接受过高等教育的人力资本部分对全要素生产率才有显著的促进作用。刘智勇、胡永远（2008）实证结果显示，人均高等教育年限既是技术进步的短期原因又是技术进步的长期原因，其对技术进步的拉动效果也明显大于中等教育年限与科技投入对于技术进步的拉动效应。魏下海、李树培（2009）用分位数回归考察了人力资本及其结构对经济增长的影响，结果表明，受教育年限高的人力资本对经济增长起更大的作用。另一些研究表明，创新型人力资本是高级人力资本，它是一般人所不具备的想象力和专业化能力，只有这种人力资本具备创新特质，能够建立新的生产函数，产出效果具有乘数效应（贺砾辉、谢良，2007）；一般型和技能型人力资本对经济增长的贡献有减弱的趋势，而创新型人力资本对经济增长的贡献趋于增大（胡永远等，2004）。

　　可见，在总体人力资本中，并不是所有人力资本都是边际收益递增的，从历史长河的演变过程看，人力资本的边际收益并不是一成不变的，它有自身的生命周期（丁栋虹，2001；魏丽萍，2005），正如同人力资本的创新活动一样。

由于人力资本主体收到体力和脑力衰退的制约、人力资本折旧以及市场结构变动等方面的制约，人力资本的边际收益不可避免地会呈现先上升、后下降的规律。如图4.3.1所示，人力资本的边际收益一般经历缓慢上升期（Ⅰ段）——快速上升期（Ⅱ段）——边际收益递减（Ⅲ）直至为零三个阶段。

鉴于人力资本边际收益的变动规律，丁栋虹（1999，2001）、魏丽萍（2005）等人将Romer（1986；1990）、Lucas（1988）、杨小凯（1991）等人提出的具有边际收益递增性的人力资本称为"异质性人力资本"（IdiosyncraticHuman Capital），对应于图4.3.1中的Ⅰ、Ⅱ阶段；将具有边际收益递减性质的人力资本称为"同质性人力资本"（Coessential Human Capital），对应于图4.3.1中的Ⅲ阶段。

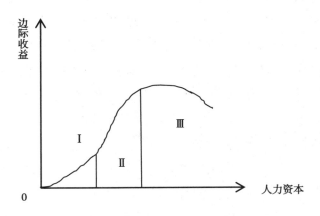

图4.3.1　人力资本边际收益周期

本书认为，异质性高度概括了具有特殊功能的如企业家人力资本、创新型人力资本，相对高层次的如高等教育形成的人力资本，相对高技能工人的专用技术人力资本等的本质特性，即边际收益递增。自从"异质性人力资本"的概念被提出以后，已有众多学者引用此概念对人力资本问题展开分析，如丁栋虹（1999；2001）、魏丽萍（2005）、范道津等（2008）、王刚（2000）、刘善球（2005）、欧晓万（2007）、邓强（2009）、林志伟（2007）等，因此，本书借用"异质性人力资本"这一概念表达具有边际收益递增性质的人力资本，相应地，将边际收益递减的人力资本称为"同质性人力资本"。

正是由于异质性人力资本的边际收益递增，人力资本不仅提升了自身的生产能力，也带动了其他要素生产能力的提升，共同促进国民经济更快更好的发展，在做大"蛋糕"的过程中实现收入分配的公平和效率兼容。

需注意的是：①人力资本异质性程度，即其边际收益递增程度有大小之分，如图 4.3.1 所示，同处于边际收益递增阶段（Ⅰ和Ⅱ阶段），但Ⅱ阶段的人力资本边际报酬递增程度大于Ⅰ阶段的人力资本，因此，边际报酬递增程度不同的人力资本可能带来的增长效率是有差别的。②异质性人力资本是相对稀缺的，异质性人力资本的边际报酬递增性高度概括了具有特殊功能的如"企业家人力资本""创新型人力资本"，相对高层次的如高等教育形成的人力资本，相对高技能工人的"专用技术人力资本"等的本质特性，而这些人力资本在现实之中都是相对稀缺的，越高层次的人力资本无疑其数量是越少的，高层次的人力资本往往是更稀缺的人力资本。因此，异质性人力资本具有相对稀缺性，如果现实中大量存在的是高层次人力资本，这种人力资本不再稀缺，便无法体现边际报酬递增，实际上已经退化为同质性人力资本。③人力资本异质性是相对的，人力资本的层次高低是相对的，比如某种技能型人力资本在发达国家可能属于一般层次的，而在落后不发达国家可能属于高层次的。同样，这种技能型人力资本在发达国家往往并不稀缺，而在落后国家却可能是极其宝贵的。因此，人力资本异质性具有相对性。

（二）异质性人力资本与新经济增长：一个拓展的内生增长模型

由于同质性和异质性人力资本具有截然不同的边际收益特征，在研究人力资本与经济增长的关系时，就不能单纯地将人力资本作为总量形式引入生产函数，而应考虑人力资本之间的本质差异。本书在生产函数的设定上将区分异质性人力资本与同质性人力资本，进而研究异质性人力资本给经济增长和要素回报带来的变化。

（1）基本假定

假定存在两个部门：生产部门（以生产最终产品为目的）和技术部门（以研发生产中使用的技术为目的），存在两类人力资本：同质性人力资本 H_0 和异质性人力资本 H_1，它们构成人力资本总量 H，$H = H_0 + H_1$，其中，H_1 具有边际收益递增性，即 $\dfrac{\partial^2 Y}{\partial H_0{}^2} < 0$，$H_0$ 则为一般人力资本，$\dfrac{\partial^2 Y}{\partial H_1{}^2} > 0$，正由于 H_1 的特殊性质，我们有理由认为 $\dfrac{\partial Y}{\partial H_1} > \dfrac{\partial Y}{\partial H_0}$。

进一步假定生产函数满足哈罗德中性，

$$Y = K^\alpha \left[(1 - \mu_0) H_0 \right]^\beta \left[(1 - \mu_1) H_1 \right]^\gamma (AL)^\theta \tag{4.8}$$

$$A = B (\mu_0 H_0)^\eta (\mu_1 H_1)^\lambda A^\varepsilon \tag{4.9}$$

$$H_0 = \varphi_0 \mu_0 H_0，H_1 = \varphi_1 \mu_1 H_1$$

Y、K、L 分别为总产出、物质资本总量和劳动者数量，A 为技术水平，α，β，γ，θ 分别为物质资本、两种人力资本和有效劳动的产出弹性，μ_0 表示 H_0 用于技术研发活动的时间比例，μ_1 表示 H_1 用于技术研发活动的时间比例，那么 $1 - \mu_0$ 表示 H_0 用于生产产品的时间比例，$1 - \mu_1$ 表示 H_1 用于生产产品的时间比例。η、λ 分别为 H_0 和 H_1 对技术进步的贡献度，ε 和 B 分别为技术进步的外生参数。φ_0 和 φ_1 分别为两种人力资本积累的外生参数。

（2）增长效应分离

本书试图证明，由于异质性人力资本的引入，经济增长更有效率，最方便的衡量方法之一就是，证明在要素投入总量不变的条件下，仅仅要素投入结构的变动就足以带来经济增长效率提升。本书用异质性人力资本在人力资本总量中所占比重表示人力资本要素结构，为了证明异质性人力资本份额变动对经济增长的影响，需要将异质性人力资本份额的增长效应分离出来。

将式（4.9）对 A 积分，并将结果带入式（4.8），则有式（4.10）：

$$Y = GK^{\alpha}H_0^{\beta-\frac{\eta}{\varepsilon}\theta}H_1^{\gamma-\frac{\lambda}{\varepsilon}\theta}L^{\theta}　① \tag{4.10}$$

在式（4.10）的基础上求产出的增长率，可得式（4.11）：

$$\widehat{Y} = \alpha\widehat{K} + \left[\beta - \frac{\eta}{\varepsilon}\theta\right]\widehat{H}_0 + \left[\gamma - \frac{\lambda}{\varepsilon}\theta\right]\widehat{H}_1 + n\theta \tag{4.11}$$

式（4.11）中，$\widehat{Y}$ 表示产出增长率，$\widehat{K}$ 表示物质资本增长率，$\widehat{H}_0$ 和 $\widehat{H}_1$ 分别表示同质性和异质性人力资本增长率。显然，经济的增长取决于物质资本增长率、人口增长率，以及两类人力资本各自的增长率水平。

基于上述假定和式（4.11），本书将证明，在要素投入总量不变的条件下，仅仅调整异质性人力资本与同质性人力资本比例，就可以带来更高的增长，以此揭示出异质性人力资本积累对于经济持续增长和优化分配的作用路径。

对 $\widehat{H}_1$ 在 $\widehat{H}_1 = \widehat{H}$ 处展开，并作近似处理，则

$$\widehat{H}_1 = \frac{\triangle H}{H} + \frac{\partial Y/\partial H_1}{\partial Y/\partial H} \times \frac{H_1}{H} \times \frac{\triangle(H_1/H)}{H_1/H} = \frac{\triangle H}{H} + \frac{\partial Y/\partial H_1}{\partial Y/\partial H} \times \triangle \frac{H_1}{H}$$

$$\tag{4.12}$$

---

① 其中，$G = (1-\mu_0)^{\beta}(1-\mu_1)^{\gamma}D^{\theta}$，$D = \left[\frac{1}{\varepsilon+1}B\mu_0^{\eta}\mu_1^{\lambda}\right]^{\frac{1}{\varepsilon}}$。

式（4.12）中，$\Delta \dfrac{H_1}{H}$ 代表 H_1 在总人力资本 H 中所占比重的增加或减少，即异质性人力资本比重的变动。同理，有

$$\widehat{H_0} = \frac{\triangle H}{H} + \frac{\partial Y/\partial H_0}{\partial Y/\partial H} \times \frac{H_0}{H} \times \frac{\Delta(H_0/H)}{H_0/H} = \frac{\Delta H}{H} + \frac{\partial Y/\partial H_0}{\partial Y/\partial H} \times \Delta \frac{H_0}{H}$$

$$(4.13)$$

将式（4.12）、式（4.13）代入式（4.11）并化简，

$$\widehat{Y} = \alpha\widehat{K} + \theta n + \left[\beta + \gamma - \left(\frac{\eta+\lambda}{\varepsilon}\right)\theta\right]\frac{\Delta H}{H} + \left[\left(\gamma - \frac{\lambda}{\varepsilon}\theta\right)\frac{\partial Y/\partial H_1}{\partial Y/\partial H} - \right.$$

$$\left.\left(\beta - \frac{\eta}{\varepsilon}\theta\right)\frac{\partial Y/\partial H_0}{\partial Y/\partial H}\right] \times \Delta \frac{H_1}{H}$$

$$(4.14)$$

式（4.14）表明：①经济增长不仅取决于物质资本总量的增长、人口增长和人力资本总量的增长，还取决于人力资本中异质性人力资本数量的相对增长水平；②在人力资本总量给定的条件下，异质性人力资本比重对经济增长的影响，表现为异质性人力资本的相对增长速度 $\Delta \dfrac{H_1}{H}$ 所产生的影响，这一影响由其边际效应 $\left[\left(\gamma - \dfrac{\lambda}{\varepsilon}\theta\right)\dfrac{\partial Y/\partial H_1}{\partial Y/\partial H} - \left(\beta - \dfrac{\eta}{\varepsilon}\theta\right)\dfrac{\partial Y/\partial H_0}{\partial Y/\partial H}\right]$ 给出。

（3）增长效应：边际收益递增的作用机制与实现过程

提高异质性人力资本份额，即 $\Delta \dfrac{H_1}{H}$ 提高，由于 $\dfrac{\partial Y/\partial H_1}{\partial Y/\partial H} > 1$，$\dfrac{\partial Y/\partial H_0}{\partial Y/\partial H} < 1$ 总成立，因此式（4.15）成立：

$$\left(\gamma - \frac{\lambda}{\varepsilon}\theta\right)\frac{\partial Y/\partial H_1}{\partial Y/\partial H} - \left(\beta - \frac{\eta}{\varepsilon}\theta\right)\frac{\partial Y/\partial H_0}{\partial Y/\partial H} > \left(\gamma - \beta + \frac{\eta-\lambda}{\varepsilon}\theta\right)$$

$$\frac{\partial Y/\partial H_1}{\partial Y/\partial H}$$

$$(4.15)$$

η、λ、ε 和 θ 恒定不变，则给定人力资本总量 H，$\Delta \dfrac{H_1}{H}$ 的边

际效应取决于 $(\gamma - \beta)$ 差值的变化。

$$\gamma - \beta = \frac{\partial Y}{\partial H_1} \times \frac{H_1}{Y} - \frac{\partial Y}{\partial H_0} \times \frac{H_0}{Y} = \frac{1}{Y}\left(\frac{\partial Y}{\partial H_1} \times H_1 - \frac{\partial Y}{\partial H_0} \times H_0\right)$$

$$(4.16)$$

观察式（4.16）等号右边各项，给定人力资本总量 H，当异质性人力资本份额上升即 $\frac{H_1}{H}$ 提高时，有：

① H_1 增加，H_0 减少；

② 由于 $\frac{\partial^2 Y}{\partial H_1{}^2} > 0$，当 H_1 增大时，$\frac{\partial Y}{\partial H_1}$ 增大；

③ 由于 $\frac{\partial^2 Y}{\partial H_0{}^2} < 0$，当 H_0 减少时，$\frac{\partial Y}{\partial H_0}$ 增大。

只要 $\frac{\widehat{\partial Y}}{\partial H_0}$ 不超过 $\dfrac{\dfrac{\widehat{\partial Y}}{\partial H_1} \times \widehat{H_1}}{\widehat{H_0}}$，$\frac{H_1}{H}$ 的提高将导致 $\gamma - \beta$ 差值增大，从而式（4.14）等号右边第四项增大，$\widehat{Y}$ 增大。我们有理由

视 $\frac{\widehat{\partial Y}}{\partial H_0} \leqslant \dfrac{\dfrac{\widehat{\partial Y}}{\partial H_1} \times \widehat{H_1}}{\widehat{H_0}}$ 为一般常态，因此，人力资本存量中，异质性人力资本份额上升，将带来经济增长的加速，实现效率提升。由于在这一过程中，$\frac{\partial Y}{\partial H_1}$ 增大，同时 $\frac{\partial Y}{\partial H_0}$ 增大，这意味着 H_1 和 H_0 的边际生产力都有所提高，从而也都获得更高的回报。

而当 $\frac{\widehat{\partial Y}}{\partial H_0}$ 超过 $\dfrac{\dfrac{\widehat{\partial Y}}{\partial H_1} \times \widehat{H_1}}{\widehat{H_0}}$ 临界，H_1 边际收益趋于下降，原异质性人力资本逐步同质化，生产函数变为规模报酬不变，经济逐步

回归均衡增长。

异质性人力资本份额提高的影响可以从等产量曲线的移动中得以反映，如图 4.3.2 所示，H_1 为异质性人力资本投入，C（K, L, H_0）为其他要素投入，初始状态下，等产量曲线 I 与等成本线 AB 相切于 E_1，这是在成本约束下的最优生产点。当异质性人力资本比重提高时，即投入更多的 H_1/H 时，根据式（4.8）：$Y = K^{\alpha}\left[\left(1-\mu_0\right)H_0\right]^{\beta}\left[\left(1-\mu_1\right)H_1\right]^{\gamma}\left(AL\right)^{\theta}$，在 H 总量不变的前提下，意味着 H_1 增加，同时 H_0 减少，从而 C（K, L, H_0）减少，等成本线线由 AB 移动到 DC，根据式（4.14）：

$$\widehat{Y} = \alpha\widehat{K} + \theta n + \left[\beta + \gamma - \left(\frac{\eta+\lambda}{\varepsilon}\right)\theta\right]\frac{\Delta H}{H} + \left[\left(\gamma - \frac{\lambda}{\varepsilon}\theta\right)\frac{\partial Y/\partial H_1}{\partial Y/\partial H} - \left(\beta - \frac{\eta}{\varepsilon}\theta\right)\frac{\partial Y/\partial H_0}{\partial Y/\partial H}\right] \times \Delta\frac{H_1}{H}$$

η、λ、ε 和 θ 恒定不变，则给定人力资本总量 H，当异质性人力资本比重上升即 $\dfrac{H_1}{H}$ 提高时，根据式（4.14），经济增长率 $\widehat{Y}$ 取决于 $\left[\left(\gamma - \dfrac{\lambda}{\varepsilon}\theta\right)\dfrac{\partial Y/\partial H_1}{\partial Y/\partial H} - \left(\beta - \dfrac{\eta}{\varepsilon}\theta\right)\dfrac{\partial Y/\partial H_0}{\partial Y/\partial H}\right]$，并进一步地取决于 $\gamma - \beta = \dfrac{\partial Y}{\partial H_1}\times\dfrac{H_1}{Y} - \dfrac{\partial Y}{\partial H_0}\times\dfrac{H_0}{Y} = \dfrac{1}{Y}\left(\dfrac{\partial Y}{\partial H_1}\times H_1 - \dfrac{\partial Y}{\partial H_0}\times H_0\right)$。

那么，$\dfrac{H_1}{H}$ 提高时，有：①H_1 增加，H_0 减少；②由于 $\dfrac{\partial^2 Y}{\partial H_1^{\,2}} > 0$，当 H_1 增大时，$\dfrac{\partial Y}{\partial H_1}$ 增大，即异质性人力资本边际收益提高；③由于 $\dfrac{\partial^2 Y}{\partial H_0^{\,2}} < 0$，当 H_0 减少时，$\dfrac{\partial Y}{\partial H_0}$ 增大，即同时导致同质性人力资本边际收益在原来的基础上提高。

只要 $\dfrac{\widehat{\partial Y}}{\partial H_0}$ 不超过 $\dfrac{\dfrac{\partial Y}{\partial H_1}\times\widehat{H_1}}{\widehat{H_0}}$，即只要由于同质性人力资本数

量减少导致的产量损失不超过由于异质性人力资本增加带来的产出提高幅度，则 $\dfrac{H_1}{H}$ 的提高将导致 $\gamma - \beta$ 差值增大，从而式（4.14）中等号右边第四项增大，$\widehat{Y}$ 增大，增长率提高，产出增加，等产量线外移至 Ⅱ，并与变动后的成本线相切于 E_2 点，从而实现了等量投入条件下产量的提高，提高经济增长效率。

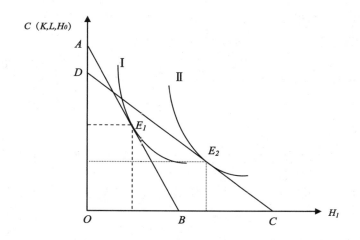

图 4.3.2   要素投入与等产量曲线

进一步地，考虑边际收益递增程度不同的人力资本，如图 4.3.1 所示，同处于边际收益递增阶段的人力资本，其边际收益递增程度有大小之分，假定存在三种人力资本：H_0，H_1 和 H_2，其中，H_2 是比 H_1 异质性程度更高、边际收益递增速度更快的人力资本，则有 $\dfrac{\partial^2 Y}{\partial H_2{}^2} > \dfrac{\partial^2 Y}{\partial H_1{}^2} > 0$ 成立。

对这个式子作变换，$\dfrac{\partial(\partial Y/\partial H_2)}{\partial H_2} > \dfrac{\partial(\partial Y/\partial H_1)}{\partial H_1}$，

令 $\Delta H_1 = \Delta H_2$，易得 $\partial Y/\partial H_2 > \partial Y/\partial H_1$，这表明，随着 H_1 和 H_2 等量增加，H_2 边际产量提高的速度更快。

如果用 γ_1 和 γ_2 表示两种人力资本的产出弹性，显然，$\gamma_1 <$ γ_2。从异质性人力资本份额提升的分析可知，随着 H_1 提高为 H_2，产出的增长效应由 $(\gamma_1 - \beta)$ 变为 $(\gamma_2 - \beta)$，提高人力资本异质性程度的增长效应由 $(\gamma_2 - \beta)$ 决定。

$$\gamma_2 - \beta = \frac{1}{Y}\left(\frac{\partial Y}{\partial H_2} \times H_2 - \frac{\partial Y}{\partial H_0} \times H_0\right)，\text{显然，}(\gamma_2 - \beta) >$$
$(\gamma_1 - \beta)$。

显然，提高人力资本的异质性程度也将带来经济加速增长，提高经济增长效率。人力资本也遵循着类似于产品和技术一样的生命周期规律，如果没有相应的学习积累，异质性人力资本就会转化为同质性人力资本，从而减弱增长效应。人力资本主体需要不断进行人力资本投资，不断学习和创新，以保持其边际收益递增性，从而促进经济长期增长。须注意的是，无论异质性人力资本比重还是人力资本异质性程度都不可能无限提高，对个人来讲，随着寿命延长，人力资本主体会受到脑力和体力衰退的制约，也会受到人力资本加速贬值的制约，对于整个社会来讲，社会生产需要不同要素组合，异质性人力资本比重也不可能无限提高，因为提高到一定程度，异质性便会退化为同质性，此时，经济增长需要新的异质性人力资本来激励经济增长。

（三）异质性人力资本与要素回报提升

从拓展的内生经济增长模型中可以发现：①从结果来看，由于异质性人力资本的边际收益递增，有可能实现总量投入不变条件下的更高增长，提高增长效率，做大可供分配的"蛋糕"；②从作用机制看，异质性人力资本不仅提升自身的生产能力和创新能力，还通过其外溢性提升同质性人力资本、物质资本以及其他资本的生产能力和贡献，从而为所有要素收入共同提高、优化分配格局、促进收入分配公平与效率兼容奠定了基础。

具体而言，异质性人力资本的边际收益递增是通过以下作用机制实现的，并进一步促进经济增长，影响要素间的分配关系。

①提升自身的生产能力。一个熟练工人总是比一个非熟练工人的生产能力更强，这是很自然的，并且在工作过程中，异质性人力资本积累还具有自我强化效应，相比其他资本主体，异质性人力资本主体具有更高的能力和更扎实的知识技术消化吸收"干中学"的知识和经验，进一步提高自身的生产能力，促进边际收益递增。

②激发自身创新能力。与其他资本相比，异质性人力资本具有资源配置能力，能对经济环境、制度结构变化作出最优反应，发现和利用潜在机会，整合所有资源，实现要素间的优化重组，类似在生产线中引入了新的生产函数，用熊彼特的话讲，这就是创新。这种创新的本质是在宏观经济环境中造成经济的不均衡，在经济不均衡中所获得的经济利益保证了人力资本边际收益递增的实现（魏丽萍，2005）。

③通过人力资本外溢提升同质性人力资本的生产能力。与同质性人力资本一起工作，可以通过知识传播、技能传授等方式提高同质性人力资本的生产能力，如传统作业中的师傅带徒弟、观摩学习等都是通过异质性人力资本的外溢效应提高同质性人力资本生产能力的。

④通过人力资本外溢提升物质资本要素的生产能力。人力资本外溢除了提高同质性人力资本的生产能力，还可以提高物质资本的生产能力。很显然，异质性人力资本不仅能更熟练地使用物质资本，还可能尽量开发物质资本的最大潜能，促进物质资本效率的发挥，从而带来边际收益递增。例如，一个计算机高手不仅能使用计算机做基本的文书工作，还能使用计算机处理各种信息、简化工作量等，避免浪费，提高物质资本（计算机）的使用效率。黄先海等（2011，2012）通过对我国1980—2009年物质资本回报率变动及其动因的分析，证实了人力资本对物质资本边际收益的带动作用，该研究结果显示，我国物质资本回报率之所以没有随着资本深化而降低，是由劳动力素质提高带来，劳动

报酬对物质资本回报率的影响已由负向作用转为正向作用。

通过提高自身生产和创新能力、同质性人力资本和物质资本的生产能力，异质性人力资本将所有生产要素聚合在一起，使所有要素在更高的生产能力上创造更高的收入，从而也获得更高的收入。并且，此时，要素间的回报不再是此消彼长，而是共同提高。由于所有要素对经济增长都做出了比原来更大的贡献，因此，收入分配必须对所有要素做出激励，实现要素回报整体提升。

可见，在新的经济增长方式下，由于异质性人力资本的引入，要素回报公平与效率不再是冲突的，而是可兼容的，收入分配应坚持以人力资本为导向。当然，要素回报共同提升，并不等于平均分配，因为不同产业所使用的密集要素不同，所做出的贡献自然也会有差异，但是以人力资本为分配导向可以在有效提高人力资本回报的同时，不压低甚至促进其他要素回报的提升，从时间维度上看，有利于优化分配格局、促进经济长期增长。

四 小结

无论何种收入分配，都必须以经济增长为前提，生产决定分配，这是经济学的基本原理，只有建立坚实的物质基础，做大、做好"蛋糕"，人民才能过上更高水平的生活，但是，我们还必须在做大、做好"蛋糕"的过程中分好"蛋糕"，因此，分配激励的目标不是单纯地推动经济持续增长，而是要求在要素获得合理回报的前提下，推动经济持续增长，使要素回报成为增长的推动力，即要谋求"公平"与"效率"兼容。

在传统的经济增长方式下，物质资本是主要的增长源泉，由于物质资本边际收益递减，随着物质资本投入增加，其边际产出下降，为了促进经济增长，必须继续追加投资，而投资主要来源于利润，为了保持持续的投资，只能继续加大对资本回报的分配，如此循环，在传统的增长方式下，资本要素和劳动要素的回报差异只能持续扩大，这是内生于增长方式的。因此，在传统的经济增长方式下，经济增长的效率和分配的公平存在一种替代关系，两者是不可兼得的。

在新的增长方式下，人力资本作为经济增长的主要源泉，不仅自身获得更高的回报，还通过有效提升其他要素的生产效率，在促进经济更有效增长的同时，实现了要素回报的集体提升。因此，在新的增长方式下，分配的"公平"与"效率"不再是对立冲突，而是可兼容的。在人力资本的作用下，不仅推动了经济增长，同时也优化了收入分配格局。

第四节　人力资本导向的实现：人力资本提升与产业结构优化

对于要素分配结构失衡问题的解决，学界主要存在两种观点：一是根据人力资本理论，主张通过提升人力资本，从而提升劳动者创造收入的能力来解决；二是主张通过推动产业结构升级，提高要素需求质量来解决。然而这两条路径实际上是互为前提的，一方要求的实现都要求另一方先作出改变，二者形成一个"循环"，提高人力资本或提升产业层次均无法单独实现。而本书从人力资本提升与产业结构优化的动态匹配中寻求要素分配目标导向转变的实现路径，在要素供给与要素需求的匹配中推动分配目标导向的转变。

在新的增长方式要求下，由于人力资本的引入，收入分配的"效率"与"公平"之间不再必然是此消彼长的关系，而是可以在实现全体要素回报提升的同时促进经济持续增长。由于回报合理，人力资本有进一步积累和提升的动力，并提升所有要素的生产率，从而优化要素结构，要素结构升级必然引领产业结构升级，要素结构与产业结构在匹配中动态发展，共同提升。由于人力资本已经成为经济增长的要素源泉，因此，经济的持续增长将在人力资本提升与产业结构优化的动态匹配中实现。

一　要素结构提升与产业结构升级

产业结构是内生于要素结构的（林毅夫，2010），产业结构升级必须以要素结构升级为前提，要素结构的调整会引起产业结构变动，要素结构升级必然推动产业结构优化。

（一）要素结构调整与产业规模变动

要素结构调整促进产业结构变动，这一说法可以通过罗伯津斯基定理（Rybczynski Theorem，简称 R 定理）得到证明。根据罗伯津斯基定理，在商品相对价格不变的条件下，某一要素的增加会导致密集使用该要素的部门生产规模扩大，而另一部门的生产规模萎缩。

假设两个部门分别生产 X 和 Y 两种产品，其中 X 为人力资本密集型产品、Y 为资本密集型产品，X 和 Y 的相对价格 $p = P_X/P_Y$ 保持不变。现假设人力资本供给增加了 ΔH，由于两种商品相对价格 P 不变，为了使新增人力资本（ΔH）全部被利用，以保证充分就业，则需要人力资本密集型部门（X）来吸收新增的人力资本，但要保证 X 部门将新增的人力资本全部吸收，还需要 Y 部门释放出一定量的资本（ΔK）来与其组合，由于要素密集度不变，Y 部门释放出资本（ΔK）的同时，也释放出一定量的新增人力资本（ΔH）同时被 X 部门吸收，最终 Y 部门生产规模缩小，X 部门生产规模扩大。

如图 4.4.1 所示，初始状态下，生产可能性边界 T_1T_1 与商品相对价格 p 相切于均衡点 E_1，此时，社会生产商品束（X_1，Y_1），当人力资本供给增加 ΔH 后，新增 ΔH 流向 X 部门，并且吸收从 Y 部门释放出的 ΔK_Y 与部分 ΔH_Y。此时，X 部门产品的要素密集度为 $I_X = \dfrac{H_X}{K_X} = \dfrac{H_X + \Delta H + \Delta H_Y}{K_X + \Delta K_X}$，而 Y 部门的要素密集度 $I_Y = \dfrac{H_Y}{K_Y} = \dfrac{H_Y - \Delta H_Y}{K_Y - \Delta K_Y}$，最终新增的人力资本 ΔH 与从 Y 部门释放

出来的 ΔK_Y 与 ΔH_Y 在 X 部门重新按照密集度 I_X 组合，导致生产可能性边界外移至 T_2T_2，与不变的相对价格 p 线相切于新的均衡点 E_2，此时的最优生产商品束组合为 (X_2, Y_2)，最终 X 部门生产规模扩大，而 Y 部门生产规模缩小，产业规模发生变化，产业结构发生变动。

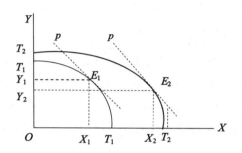

图 4.4.1　罗伯津斯基定理：要素禀赋改善与产业规模变动

如上所述，罗伯津斯基定理描述的实际上是封闭条件下，一国（或地区）要素禀赋发生变化时，对该国产业部门规模带来的影响，或者说是对产业结构的影响，因此，从某种意义上可以说，要素禀赋条件决定了产业结构。正如林毅夫（2010）、徐朝阳等（2010）所言，经济发展的核心问题是要素禀赋结构升级，"欠发达国家政府应该以促进要素禀赋的结构升级为目标，因为一旦要素禀赋结构升级，利润动机和竞争压力就会驱使企业自发地进行技术和产业结构升级"（林毅夫，2007）。

（二）要素结构升级与产业结构优化

根据 R 定理，某种要素禀赋条件改善会使密集使用该要素的生产部门规模扩大，如果是一般要素禀赋的改善，那么只会扩大密集使用该要素的生产部门规模，但是如果是异质性人力资本禀赋增加，不仅会扩大该部门生产规模，还会推动产业层次提升，实现产业结构优化升级。

众多研究证实了要素禀赋结构提升对产业结构优化的基础型作用。李超（2012）通过要素禀赋结构的微观分析和两部门模型的宏观分析，发现，现代产业的发展模式和技术选择归根到底是由经济体的要素禀赋结构所内生决定的；林毅夫（2005a；2005b；2008；2010）、Lin（2003）、李超和覃成林（2011）认为，一个国家和地区的最优产业内生地决定于该经济体的要素禀赋结构，因此，欠发达国家和地区的政府应该把注意力放在促进要素禀赋结构升级上，而不应首先以产业升级为目标，因为一旦要素禀赋结构升级，出于成本最小化和利益最大化考虑的企业就会自发地进行技术和产业结构升级，以此来匹配生产要素价格的相对变化；徐朝阳等（2010）指出，适当的产业政策可以促进产业结构升级，但其有效性也将受到要素禀赋结构的制约。因此，要促进产业结构升级，关键在于要素禀赋结构升级，基于要素禀赋结构升级基础上的产业结构升级才会水到渠成。

基于以上研究，我们可以作出如下推论：若一国人力资本禀赋增加，从而要素结构改善，那么将会导致密集使用人力资本的产业部门规模扩张，而其他产业部门萎缩，由于密集使用人力资本的产业都是高新科技产业或现代服务业，因此，人力资本禀赋条件改善将带来产业结构优化。

我国目前以高新技术产业和全面发展服务业为产业结构优化升级的目标，而高新技术产业发展需要大量各类具备专业知识、技术、创新能力、管理才能等人力资本的积累为条件，即异质性人力资本，如果忽视这一点，产业结构升级的目标最终将成为无本之木。因此，要实现十六大提出的产业发展战略目标，促进产业优化升级，必须以人力资本禀赋条件改善为基础，特别是异质性人力资本，只有改善异质性人力资本禀赋条件，才能顺利引领产业结构优化升级。

二　人力资本提升与产业结构优化动态匹配

经济发展历史证明，要素积累与产业结构优化是在动态中匹配发展的，从土地要素与农业的匹配发展，到资本积累与工业匹配发展，再到人力资本积累与现代产业匹配发展，要素积累结构的优化与产业结构的优化是互动匹配的。随着要素积累结构和配置结构的改善，要素结构升级必然引领产业结构优化，而产业结构优化必然对要素结构提出新的要求，从而吸引其他人力资本与物质资本产业转移，既提升了产业层次也扩大了生产规模，并在要素结构的进一步改善与升级中优化自身结构，在要素结构升级与产业结构优化的动态匹配中不断完善发展。随着人力资本，特别是异质性人力资本成为新的经济增长源泉与产业发展主导要素，生产要素结构升级主要体现为人力资本提升，要素结构升级与产业结构优化的动态匹配体现为人力资本提升与产业结构优化的动态匹配。

人力资本对产业升级具有基础性作用，同时也具有先导性作用，而产业升级变迁过程也需要相应的要素结构予以支持，不同产业的生产特性不同，所生产产品的要素密集度不同，对要素及其组合有不同的要求，因此，产业结构变迁的过程同时也是生产要素重新配置的过程，因此，产业升级也要求相应的要素结构。虽然人力资本对产业升级具有先导性的作用，但是通常处于产业结构变迁过程中的人力资本与产业结构是相互影响的，这也是产业发展的一种常态。

众多学者讨论了人力资本与产业结构优化的匹配关系。正如上文所言，人力资本提升决定了产业升级，而产业结构变动则又决定了要素的重新配置组合，因此，它们是相互影响相互制约的。

Romer（1990）、Ciccone and Papaioannou（2006）、Acemoglu（2002；2003）等提出，人力资本水平越高，"干中学"和"知识外溢"的效果就越好，这会诱发技术创新并促进技术引进与吸收，从而推动产业结构转化，因此，人力资本水平越高，越有利于产业结构优化升级，也越有利于经济增长。

靳卫东（2010）指出，长期以来，我国的产业结构转化都具有明显的"赶超"性质，产业结构调整的方向不以发挥资源优势为基础，结果导致人力资本与产业结构调整并不匹配，其直接表现为生产要素的重新配置存在很大摩擦，由此产生失业增加、经济波动和收入差距扩大等一系列问题。

代谦、别朝霞（2006a）在一个两国内生经济增长模型中研究了发达国家 FDI 产业选择与发展中国家经济增长和技术进步问题，分析表明，发达国家 FDI 产业的选择依赖于发展中国家的技术能力和竞争能力，发展中国家技术能力和竞争能力越强，发达国家越倾向于将更多更先进的产业转移到发展中国家。这意味着，FDI 能否给发展中国家带来技术进步和经济增长，依赖于发展中国家的人力资本积累，只有辅之以较快速度的人力资本积累，FDI 才能给发展中国家带来技术进步和经济增长。

代谦、别朝霞（2006b）利用中国的数据（1979—2003 年）检验外国直接投资对中国经济增长的效应时发现，大学毕业生对外国直接投资的影响比较显著，比较高级的人力资本才是吸引外国直接投资的重要原因。

代谦、别朝霞（2006c）在一个动态比较优势模型中研究了人力资本与发展中国家产业结构升级的关系，认为发展中国家动态比较优势的核心是人力资本积累。该文指出，一方面人力资本可作为一种生产要素用于各种经济活动，另一方面人力资本又具有外部性，能够有效降低产品的生产成本，提高研发部门的效率，只有人力资本水平的不断提高才能使发展中国家的比较优势向着有利于自己的方向演变，才能使发展中国家不断进入更高级的产业，从而实现经济增长和产业结构的升级。

内生经济增长理论提出以来，技术进步与技术创新被认为是经济长期增长的源泉，发达国家和发展中国家经济增长水平的差距就可以归结为技术水平的差距，那么由此可以推论，如果发展中国家通过引进发达国家的先进技术，缩小与发达国家技术水平的差距，就能够缩小与发达国家之间经济发展水平的差距。但现实并非如此，对于绝大多数发展中国家而言，它们并没有能够通过技术引进和技术模仿缩小与发达国家在人均收入上的差异。对此，邹薇、代谦（2003）在一个标准的内生增长模型中分析了发展中国家对发达国家的技术模仿和经济赶超问题，指出，发展中国家对于发达国家先进技术的模仿能力取决于发展中国家的人均人力资本水平。许多发展中国家之所以不能通过模仿发达国家的先进技术实现经济赶超，是因为其人力资本水平低下，只接受有限基础教育的劳动者无法吸收和利用发达国家的先进技术，是人力资本与引进技术的不匹配导致了发展中国家技术模仿的失败和经济增长绩效的低下。

廖楚晖（2006）也指出，一些人力资本高速增长的国家并没有实现经济高速增长，如 1960 年以前的韩国，该国教育投资的增加不但没有带来经济增长，反而造成了持续的高失业率和劳动报酬下降（Temple，1999）。对此，一种合理的解释是，人力资本单纯数量上的增加并不等于人力资本结构提升，并不必然推动产业结构优化，只有人力资本提升，增加异质性人力资本积累才能推动产业结构优化升级，即与产业升级所需相匹配的人力资本，才是经济增长和产业升级的源泉（Ramos，Surinach and Artis，2009）。

欧阳峣、刘智勇（2010）基于适应性视角，运用系统论和物理学中的耦合理论，研究了发展中大国人力资本的综合优势及其作用机理，说明了发展中大国在人力资本水平远低于发达国家的现实条件下，如何实现经济增长。研究结果表明，因发展中大国人力资本与多元化的产业结构、物质资本、技术水平之间的耦合（即适应性）而形成一种比较优势，从而较好地促进了经济增长。这意味着，发展中国家在不断加大人力资本投资的同时，更应该注重增强其人力资本与产业结构、物质资本、技术水平的适应性，才能促进经济发展。但目前我国人力资本与产业结构的适应性只是一种低水平的匹配，不具备可持续发展潜力，只有通过人力资本积累与提升，从而促进产业结构升级，使二者在更高层次上实现互动匹配，才是可持续发展之道。

综上研究，人力资本只有与产业结构升级的要求相匹配才能在互动中发展，尽管产业结构升级以人力资本提升为前提，但产业结构升级也会进一步对人力资本及其他要素提出更高要求，促使所有要素共同形成更高级的要素结构，在与产业结构相匹配的过程中发展，要素结构提升与产业结构升级形成一种动态匹配发展模式。

三　产业结构优化与高端要素聚集

人力资本对产业发展具有先导作用，人力资本要素禀赋条件的改善促进了产业结构升级，而产业结构升级则必然对要素结构提出新的、更高的要求，从而吸纳其他生产要素，进一步提升产业层次。产业结构升级归根结底是向盈利能力更强的产业升级，因此，通常处于高端产业链上的产业也具有较高的盈利能力和支付高回报的能力，这将对人力资本形成有效激励，吸纳更多有用的人才，使高端要素向本产业聚集，进而形成人力资本提升与产业结构优化，实现更高层次上的互动匹配。

范道津、张雄林（2008）研究了人力资本对其他要素形成聚集的作用机制，认为技术型人力资本通过分工的细化极大地提高了生产效率，也为技术型人力资本的价值实现提供了条件，从而吸引技术型人力资本向集聚区域运动，将其他技术型人力资本聚集在一起；研发型人力资本通过熟能生巧和个体在特定专业中的经验积累，实现新产品开发以及生产工艺、组织方式的改进，促进了人力资本个体生产效率的提高，同时也提升了自身价值，这成为吸引其他研发型人力资本聚集的动力；企业家型人力资本则通过协作管理方式使个体资源形成互补来实现生产能力的扩张，使整体价值产生协同效应，并使之大于各组成部分价值的简单加和，从而不仅提高了个人生产效率，而且创造了一种新的生产方式。企业家型人力资本通过将所有要素优化组合实现生产率提升，为该产业部门及自身赢得更多的利润，从而成为吸纳其他高端要素聚集的强大动力。

高端产业一般也是拥有强大盈利部门的产业，能够支付高报酬，这是吸引高端聚集的源泉，各种生产要素，特别是高端要素总是流向能实现自身价值、为自己创造更多价值的产业部门和地域流动，高回报是要素结构与产业结构实现动态匹配的强大动力。Lucas 在《为何资本不从富国流向穷国》中分析了人力资本流动的规律，指出，人力资本总是流向能够增加自己实际工资的部门。高端产业的高盈利能力成为吸引高端要素流入的强大动力。

产业结构变迁过程也表明了随着产业结构升级和产业中心转移，劳动也随之转移的客观规律。产业结构理论表明，产业结构演进有其自身规律，经济增长必然伴随着产业结构升级，产业结构升级是经济发展的常态，古今中外，各国经济的增长过程同时也是产业结构的变迁过程，产业结构①总是从低级不断向高级变迁。产业结构变迁的过程其实也是对生产要素重新配置的过程，生产要素总是随着产业结构变迁在不同产业间转移，其中，由于产业中心转移而导致的劳动力在产业间流动的规律，被称为配第—克拉克定理。

配第—克拉克定理表明，随着经济发展水平的提高，产业中心逐渐由有形产品生产转向无形的服务性生产，并表现为各种资源、劳动力逐步从农业向现代服务业转移的过程。在这一过程中，产业结构的提升是由于异质性人力资本的作用，由于人力资本在促进产业结构升级中发挥的独特作用，获得了高回报，于是吸引其他人力资本竞相积累人力资本，并向现代产业转移，以谋求更高回报，因此，实质上，是异质性人力资本的引领作用促进

---

① 对于产业结构的概念，学界有不同的说法，本书所指的产业结构仅指国民经济中各产业部门之间的比例结构及其相互联系，特别是三次产业之间的比例关系。

了整体人力资本与产业结构的匹配发展。

事实上，随产业结构变迁而转移的不仅仅是"活"的资本，其他资本也会随之转移。因为生产所需的要素投入不是单一的，通常是多种要素的组合，对不同要素进行组合，正是创新型人力资本发挥作用的领域。

第五节　人力资本积累与人力资本回报

在知识经济背景下，特别是在我国经济发展方式转变与产业发展战略目标转变的要求下，人力资本能促进分配的公平与效率兼容，能使经济增长实现人力资本提升与产业结构优化的互动匹配，因此，在知识经济背景下，我国应着重激励人力资本积累，特别是异质性人力资本积累，以促进我国经济增长与收入分配结构优化。以人力资本为分配导向，激励人力资本积累，必须以赋予人力资本公平的回报，人力资本回报直接影响人力资本积累的动力和能力。

一　人力资本回报与人力资本积累动力

人力资本之所以需要激励，是由人力资本的人身依附性所决定的，人力资本以人身为天然载体，每个人的行为都会受到精神支配，特别是人力资本能力的发挥程度，受精神因素制约更为严重，因此，人力资本需要激励。人力资本可以因为激励而更加努力工作，发挥更大的人力资本作用，也可能因激励缺乏而消极怠工，降低劳动生产率。研究显示，在一般情况下，人只发挥了自身人力资本的20%左右，在充分激励条件下则可发挥其拥有人力资本的80%—90%，而在激励不足的情况下，人力资本几乎得不到发挥（魏丽萍，2001）。因此，人力资本能力的发挥，或者说其使用价值的体现需要激励，在所有激励手段中，人力资本回报是最直接、最有效的一种方式。

（一）人力资本回报水平与人力资本积累动力

根据亚当斯的激励理论，当人们获得劳动报酬时，他首先会将自己所得与自己的付出作比较，以判断所得是否合理，这会直接影响他下一步进行人力资本投资的动力，也影响他下一步在工作中的努力程度。只有当预期收入的净现值大于零，人们才可能进行人力资本投资。

假设人力资本投资的收入流为 $f(t)$，不进行人力资本投资而直接进入劳动力大军的收入流为 $g(t)$，人力资本投资的直接成本为 C，人力资本投资决策在 $t=0$ 时进行，人力资本投资主体 $t=T$ 时退休，退出劳动力市场。那么有：

人力资本投资的收入现值为 $\int_{t}^{T}(f(t)-g(t)-C)e^{rt}$；

人力资本投资的成本现值为 $\int_{0}^{t}(C+g(t)-f(t))e^{rt}$；

人力资本投资的净收益现值为 $\int_{0}^{T}(f(t)-g(t)-C)e^{rt}$。

人力资本主体会根据其投资收益的净现值来判断是否进行下一步投资计划，只有当 $\int_{0}^{T}(f(t)-g(t)-C)e^{rt}>0$ 时，即人力资本投资带来的收入增加大于其投资总成本时，人力资本主体才会决定继续进行人力资本积累，因此，人力资本回报的高低将直接影响其进行人力资本积累的动力。

（二）人力资本相对回报与人力资本积累动力

亚当斯的激励理论还指出，当劳动者获得回报时，他不仅会将自己所得与自己的付出作比较，以判断所得是否合理——这影响他下一步进行人力资本投资的动力和能力，还会将自己实际所得与社会中的其他人比较，通过与他人的差别性回报判断收入分配是否公平。当然这种比较必须是与自己各方面情况（教育程度、工作时间、努力程度等）相近的人进行，不同类别和不同层次的人力资本不具有直接可比性，按照"按要素贡献分配"的基本原则，异质性人力资本为经济增长做出了更大贡献，理应获得比同质性人力资本更高的回报，这也是公平的体现，只有回报体现人力资本积累的差别性，才能进一步激励人力资本有效积累。

除了人力资本之间的回报比较，同样作为资本范畴的物质资本回报也在比较范围之内，在我国目前的产业结构格局下，物质资本对经济增长仍然发挥很大作用，将人力资本回报与物质资本回报作比较，可以判断我国目前的分配导向是偏向物质资本还是人力资本，物质资本和人力资本回报的差别将直接影响经济组织的资本积累倾向，如果物质资本回报更高，那么在利益刺激下，社会将更加偏向于积累物质资本，这不仅违背经济增长源泉的演变规律，也会挫伤劳动者进行人力资本积累的动力和能力，最终妨碍经济增长。反之，如果人力资本回报更高，则会激励经济组织更多地使用人力资本，从而激励人力资本进一步有效积累，促进产业升级和经济持续增长。

因此，通过人力资本回报可以观察收入分配的激励导向，从而判断我国目前收入分配导向是否合理。

二　人力资本回报与人力资本积累能力

合理的要素分配赋予人力资本合理报酬，这是激励劳动者进行人力资本积累的动力，同时，人力资本回报的大小也影响人力资本积累的能力。由于人力资本的人身依附性和流动性，用人单位通常不愿意为劳动者进行人力资本投资，特别是通用性人力资本的投资，基本都是由劳动者自行承担，由于我国经济能力有限，不可能负担所有劳动者的教育和培训费用，因此，劳动者的工作回报直接影响他们进行人力资本投资和积累的能力。即使劳动者有投资意愿，但并不等于有实际投资行为，在我国现有条件下，是否实际进行人力资本投资还受制于人们的收入水平和投资成本约束。本书用如下模型说明。

假设第 i 个人的全部收入 y_i 用来消费 C_i 和人力资本投资 I_i，其效用函数 U 取决于 C_i 和 I_i，效用函数可写作：

$$U_i(C_i,\ I_i) = C_i^\alpha I_i^\beta \quad (4.17)$$

第 i 个人面临的预算约束为：

$$p\,C_i + p_i\,I_i = y_i \qquad\qquad (4.18)$$

式（4.18）中，p 为一般消费品价格，p_i 为人力资本投资价格，y_i 为第 i 个人的收入。

第 i 个人的人力资本投资决策取决于其预算约束条件下的效用最大化问题的解，上述预算约束条件下的效用最大化问题的拉格朗日函数为：

$$L = U_i(C_i,\ I_i) + \lambda(y_i - p\,C_i - p_i\,I_i) \qquad (4.19)$$

那么，第 i 个人的投资决策须满足一阶条件：

$$\frac{\partial L}{\partial I_i} = \frac{\partial U}{\partial I_i} - \lambda p_i = \beta C_i^\alpha I_i^{\beta-1} - \lambda p_i) = 0 \qquad (4.20)$$

和

$$\frac{\partial L}{\partial C_i} = \frac{\partial U}{\partial C_i} - \lambda p = \alpha C_i^{\alpha-1} I_i^\beta - \lambda p) = 0 \qquad (4.21)$$

由式（4.20）和式（4.21）可得：

$$\alpha C_i^{\alpha-1} I_i^\beta = \beta C_i^\alpha I_i^{\beta-1} p \qquad (4.22)$$

即

$$\alpha p_i I_i = \beta C_i p \qquad\qquad (4.23)$$

由预算约束式（4.18）可得 $p = \dfrac{y_i - p_i I_i}{C_i}$，并将其带入式（4.23），则

$$I_i = \frac{\beta}{\alpha + \beta} * \frac{y_i}{p_i} \qquad\qquad (4.24)$$

式（4.24）说明，每个人的理性投资取决于自身收入（y_i）

和人力资本投资价格（p_i），在消费和投资需求既定，且人力资本投资价格给定的条件下，人力资本主体的投资决策直接取决于其收入水平。

在我国，个人收入的最大来源是工作多带来的收入的积累，即前期人力资本回报的积累，因此，人力资本回报水平不仅影响人力资本投资的动力，更成为人力资本投资能力的重要约束。

第六节　本章小结

随着经济增长源泉演变与我国产业发展战略目标的改变，人力资本正成为经济增长的主要源泉和产业升级的推动力，人力资本的引入，不仅能实现收入分配公平与效率的兼容，而且推动经济增长在要素结构提升与产业结构优化的动态匹配中实现，因此，我国应重视人力资本的重要作用，激励人力资本有效积累。而收入分配制度作为一种经济利益分配和调节机制，应根据增长源泉和产业发展战略目标的改变而进行调整，在人力资本成为增长源泉和产业升级推动力的今天，收入分配应以激励人力资本积累为分配导向。

归结起来，本章论述了四个方面的内容：

（1）随着经济增长源泉演变和我国产业发展战略的改变，人力资本成为新的经济增长源泉，同时也成为推动产业升级的主要动力源泉。

（2）通过拓展的内生增长模型论证了人力资本，特别是异质性人力资本可以在提升自身生产能力和回报的同时，带动其他生产要素生产能力和回报提升，从而在促进经济增长效率提升的同时，实现收入分配的"公平"与"效率"兼容。

（3）通过罗伯津斯基定理及其推论论证了要素结构升级必然推动产业结构优化，产业结构促进高端要素聚集，从而在人力资本提升与产业结构优化的动态匹配中实现有效增长与要素回报提升。因此，人力资本导向的实现关键在于人力资本提升与产业结构优化的动态匹配。

（4）通过个人投资决策和效用最大问题的解，论证人力资本回报影响人力资本积累的动力和能力，激励人力资本积累，应赋予人力资本合理回报。

第五章

我国现行要素收入分配导向评价

综观学界，反映分配倾向于人力资本（劳动）还是物质资本的评价方法以劳动（或资本）收入份额法为主，但是某种要素在当年总产出（GDP）中的分配份额多少，取决于两方面：这种要素的回报水平以及这种要素投入在要素总投入中的比重，前者反映的是单纯的要素投资积累的回报水平，后者体现的更多的是生产运行的要素消耗特征。

本书评价我国要素收入分配导向，目的是观察现行要素收入分配制度更多地激励人力资本要素投资积累还是激励物质资本要素投资积累，显然，这应该基于对单纯的要素投资积累回报水平的观察，而不应该是包括生产运行特征的综合收入份额。

根据第四章的研究，在经济发展方式转变的要求下，收入分配导向应由物质资本转向人力资本，特别是异质性人力资本。为此，本章系统地估算我国人力资本要素投资积累的回报水平，并与物质资本回报水平进行比较，据以评价我国收入分配政策的要素导向。

第一节 评价设计

一 评价视角

人力资本回报分为个人回报与社会回报（通常称为社会收

益），前者反映的是个人（或家庭）由于人力资本投资带来的回报，而后者关注的是整个社会（包括个人、企业、政府等机构）由于人力资本投资带来的回报。本书侧重于从宏观层面研究人力资本的社会回报，原因主要有三个：

（1）从评价目的看，本书是为了反映收入分配激励的导向性，即从整体上看，分配更倾向于激励物质资本积累还是人力资本积累，需要将全社会人力资本要素作为整体来估算这种要素投资积累中的回报水平，因此，本书选择从宏观视角对我国人力资本回报水平进行估算。

（2）从评价对象看，以要素分配导向观察为目的的人力资本要素投资回报估算，是以全社会整体作为一个投资主体来观察的，评价的是整个社会的收入分配政策导向性，因此，需要从宏观视角进行评价。

（3）人力资本投资积累的个人回报与社会宏观回报具有一致性，但个人回报不等于社会宏观回报。个人回报率对于个人（或家庭）是否进行人力资本投资的微观决策是有用的，但对于判断整个社会的投资回报则可能存在低估偏差（W. Craig Riddell，2004），若以此为基础进行政策调整，很可能导致分配激励导向扭曲，而宏观视角下的人力资本回报则考虑了全社会的人力资本投资总成本和总收益，据此估算的人力资本回报、人力资本回报率、人力资本与物质资本回报的相对差异能更为客观合理地反映我国目前的实际分配，更加侧重于激励哪种要素，从而判断我国目前的分配导向是否存在偏差。

基于以上三个原因，本书侧重于从宏观视角对人力资本回报水平作出估算，进而评价我国现有分配制度的分配导向性。

二　评价层面

根据亚当斯的公平理论，人力资本获得合理回报需满足静态和动态两个层面的公平。

静态层面上：①人力资本总体回报与其所付出的成本（教育程度、工作时间、努力程度等）相比是公平，既能弥补付出的成本又能满足改善生活、自我提高和下一代教育的要求；②与他人相比，人力资本所得是公平的，即不同地区、不同层次人力资本的回报应体现人力资本积累的差异性；③与物质资本回报相比，人力资本回报处于什么地位。

动态层面上：①与过去相比，人力资本回报不能低于过去，这体现了经济发展对收入分配的要求；②不同地区、不同层次人力资本回报分布的变化，以此可以判断分配激励导向的变化；③与物质资本相比，当人力资本在经济增长中的贡献越来越重要时，人力资本回报也应越来越高，与物质资本回报差异的变化应体现贡献的差异，这体现了收入分配的激励导向。

因此，本书从静态和动态两个层面对人力资本回报的公平性进行评价。

静态层面的人力资本回报测量观察的是某一时点上总体人力资本回报是否公平，本书从特定年份人力资本总体回报水平（包括回报总额、回报率）、不同层次人力资本回报分布、人力资本回报与物质资本回报的相对差异情况三个方面对我国静态层面的人力资本回报作出估算，从而判断我国目前收入分配制度的激励导向性。

动态层面的人力资本回报计量观察的是人力资本回报随时间变化是否公平，本书从历年来我国人力资本回报水平变动（包括人力资本回报额变动、人力资本回报率变动以及人力资本回报额与 GDP 之比的变动）、人力资本回报分布的变化（以学历分布为例）、人力资本与物质资本回报相对差异的变化三个方面对我国动态层面上人力资本回报作出估算，从而判断我国分配激励导向的历年变化。

第二节　估算方法与数据来源

一　估算方法

鉴于本书的研究重点在于人力资本回报，因此，笔者首先基于现有文献对人力资本宏观回报的讨论，提出本书的研究方法，并阐述其基本思想、理论依据、估算步骤和数据支持。在可比性前提下，评价中涉及的物质资本回报估算，本书采用同人力资本回报相同的估算方法。

（一）已有研究方法介绍

宏观层面的人力资本回报估算涉及更多的投资主体和受益主体，无论是数据方面还是方法方面的要求都很复杂（杜育红，1997），因而其估算相对个人回报更加困难，因此学界并没有被广泛认可的方法，对此问题的研究成果远不及对人力资本投资的个人回报研究。总结起来，主要有以下几种方法：

（1）内部收益率法

投资项目收益水平评估的内部收益率法（Internal Rate of Return，IRR）被认为是人力资本投资社会收益估算的有效方法（G. Pascharopoulos，1973；1981；1994）[①]，这种方法是将投资总收入等于总成本时的贴现率作为收益率，其基本公式为：

$$\sum_{\alpha=1}^{t} \frac{B_{\alpha}}{(1+r)^{\alpha}} = \sum_{\beta=1}^{n} \frac{C_{\beta}}{(1+r)^{\beta}}$$

该式的含义是，人力资本投资主体在 α 年实现投资收入 B_{α}，

[①]　G. Pascharopoulos 认为"精细法"（Elaborate Method）是教育回报估算方法中具有里程碑意义的方法，因其能将教育的总成本和总收益联系起来，特别适合于研究教育的社会回报率，Pascharopoulos 对"精细法"估算的教育回报率给出如下定义：在给定时点上，使教育的成本流与收益流相等时的折现率。显然，在 Pascharopoulos 的研究中，所谓"精细法"，同内部收益率法的思想如出一辙。

在 β 年发生投资成本为 C_{β}，据此求取折现率 r，r 就是人力资本投资的内部收益率，即投资总收入的贴现值等于投资总成本贴现值时的收益率。内部收益率法的优点在于能够把人力资本受益期限内的总收入与其投资期间内的总成本联系起来，估算其收益率。但是由于难以获取整个人力资本投资期间各期的投资数据，以及整个人力资本受益期间各期的收入数据，因而内部收益率法至今很少运用于实证研究。同时，就方法本身而言，这一比率用于比较投资项目之间的收益率水平高低、判断项目是否值得投资方面是有效的，但这一比率本身并不是投资收益率实际水平的反映，这可能也是内部收益率法在学界至今尚未被广泛运用的原因之一。

（2）借鉴物质资本回报率

有学者将物质资本回报率的估算方法借鉴到人力资本回报估算方面。如曾世宏（2009）借鉴白重恩、谢长泰、钱颖一（2007）对中国物质资本回报率的计算方法，得出如下公式用来计算中国实际人力资本回报率：

$$HR(t) = \frac{\mu(t)}{P_L(t)L(t)/P_Y(t)Y(t)} + \left[\hat{p}_L(t) - \hat{p}_Y(t) - \delta(t)\right]$$

$\mu(t)$ 为人力资本报酬在国民收入中所占的份额，即人力资本份额。$P_L(t)L(t)$ 为总人力资本，$P_Y(t)Y(t)$ 为总产出，$\hat{p}_L(t)$ 为人力资本价格变化率，$\hat{p}_Y(t)$ 为通货膨胀率，$\delta(t)$ 为人力资本折旧率。曾文对计算公式中各变量的含义是明确的，人力资本报酬不仅包括工资，还包括以公司赠予的各种股票激励形式获得的奖金收入，人力资本投入也是广义的投入，包括政府与家庭投入。很明显，曾文（2009）是以全社会的人力资本收益率为导向的。但在实证估算时，由于难以获得人力资本所有报酬，也难以获得社会和家庭的所有投入，他在计算收入时选择了城镇职工的平均工资，计算投资时选择了家庭和社会人均教育投入作为变量。从本质上看，曾文的方法估算的只是人力资本在一年当中获取的收入流量与当年人力资本投资的比率关系，而事实上人力资本投资和收益都是累积性的，这种估算方法显然无法将人力资本全部投资与全部回报联系起来，无法反映人力资本累计投资与累计收益之间的关系。

（3）收入方程法

石良才等（2006）提出可以用 Mincer 方程计算人力资本社会收益率的观点，认为，只要将方程中各变量含义作一些改变就可以用来估算人力资本的社会收益，如 Lny 表示一国 GDP 的对数，s 为国民平均受教育年限，e 为国民平均工作年限，e^2 为平均工作年限的平方，其他含义不变。暂且不论从全体国民平均意义上来观察受教育水平和工作经验是否能够表达出这两个变量的实际变异，仅就由于这种变换所形成的 GDP 与国民平均受教育年限和国民平均工作年限之间的变量关系设定而言，难以寻求到可靠的理论支持。

G. Pascharopoulos（1981）已明确提出，收入方程的主要问题之一就是没有考虑人力资本成本，从而不能用于人力资本社会回报的估算，G. Pascharopoulos（1973；1981；1994）的实证研究也仅用收入方程估算各个国家的私人回报率。

目前学界普遍采用的劳动收入份额法虽然在一定程度上可以从宏观层面反映人力资本回报的大致情况，但它只能反映人力资本一年回报与 GDP 的比例关系，同曾世宏（2009）的方法一样，无法体现人力资本投资与收益的长期性，也不涉及人力资本投资成本，更无法估算出人力资本回报总额和回报率。

（二）估算原则与本书方法的提出

本书认为，估算人力资本投资的社会收益，要明确三项基本原则：①主体对称性原则。成本和收益的主体必须对应，即投资的成本和收益发生在同一对象身上。就人力资本投资的社会收益估算而言，估算对象是整个社会，包括个人、企业、政府和其他社会团体，他们用于人力资本的全部累计投资是总成本，而社会全体获得全部收入是总收入。②口径完整性原则。受教育形成的知识是人力资本的重要内容，但教育投资并不等价于人力资本投资，受教育年数的多少也并不等价于人力资本投资量的大小。学界普遍采用教育收益率的做法主要源于 A. Smith（1776）将教育看作富有创造力的稀缺资源这一观点。然而，教育远远没有抓住体现在人身上的知识技能的丰富内容，仅用教育回报来代替人力资本回报将带来许多问题（Trinh Le，John Gibson and Les Oxley，2005），从收入维度观察，人力资本的投资收益包括经济收益和非经济收益两部分，经济收益主要是指更高的收入回报，非经济收益则包括更低的失业率、更高的工作满意度、更好的健康和更长寿等。人力资本投资成本和收益的这种综合性决定了运用价值量指标来反映人力资本投资的成本和收益水平更为合理。③体现投资和收入长期性特征的原则。从投资期限看，人力资本投资主要集中于青少年时期，在我国，一般儿童从 6 岁开始接受正式教育，到法定劳动年龄 16 岁参加工作至少需要 10 年，如果接受更高层次的教育培训，那就需要更长的时间，因此，人力资本投资是一个长期的过程；从使用情况看，人力资本具有耐久性，在不考虑人力资本贬值与过时的情况下，其投资收益期的上限可以是劳动者生命周期终结的时刻，至少可以估计至劳动者的退休年龄，长达几十年，因此，人力资本投资的受益期间很长。对人力资本投资收益的估算应体现投资和收入的长期性特征。

从上述三方面考虑，内部收益率法的思想总体上适用于人力资本投资社会收益水平估算，但由于缺少数据支撑，学界鲜有人将内部收益率法用于人力资本社会收益估算实践，导致目前学界关于人力资本社会收益估算的实证研究成果较少。相反，有关人力资本存量的研究成果却十分丰富，学界大量研究基于人力资本积累过程中累计投入成本的多少估算了人力资本存量价值，也有少数研究基于人力资本在整个服务期内所能获得的收益总现值来确定其当前价值，前者的方法被称为"成本法"，后者被称为

"收入法"。

本书从这两种方法对人力资本存量价值的估算中发掘出用内部收益率法估算人力资本社会收益的关键数据——人力资本投资总成本和人力资本总收益，从而使内部收益率法估算人力资本社会回报成为可能。由于本书的方法需要将调整后的人力资本总收益和总成本做差分，因此将其称为"差分回报法"。

（三）"差分回报法"介绍

（1）基本思想

以报告年全社会拥有的人力资本存量为基准，一是估算积累这些人力资本存量所发生的历史各期人力资本投资成本，并将各期投资成本折现到当前价值；二是估算基于这些人力资本存量在未来整个受益期内可获得的各期人力资本收入，并将各期收入折算到当前价值；三是将累计收入现值与累计投资成本现值作比较，两者之差反映了全社会整体作为投资主体，其投资行为将得到的绝对收益，这一绝对收益与投资成本之比，则为所发生投资的回报率，即人力资本投资的收益率。

这一人力资本投资收益估算的思想，可以追溯到以下三个理论来源：

第一，从经典投资项目收益评估的内部收益率法得到理论支持。一个项目是否值得投资，经典的评估方法是：给定计算期，估算计算期内各期现金流出并折现到当前价值，估算计算期内各期现金流入并折现到当前价值，计算当累计现金流出等于累计现金流入，即净现金流为零时的贴现率，即内部收益率。不同的投资项目间比较，内部收益率越高说明项目投资的回报率可能越高。将这一思想应用于要素分配导向的观察，就是通过估计人力资本投资的内部收益率与物质资本投资的内部收益率，从而比较人力资本投资项目与物质资本投资项目之间回报率的高低。

同时，又进一步改造了内部收益率法给定投资成本和收入从而预测收益率的做法，从而在合理的折现率假设下，以实际的各期投资成本和受益期限内各期相应的收入为基础，计算实际的绝对收益和收益率水平，从而反映出全社会整体作为投资主体，在人力资本投资这一项目上的收益情况。

第二，从 G. Pascharopoulos（1981；1994）的研究中得到理论支持。Pascharopoulos 使用内部收益率法对 44 个国家的教育回报率进行了估计。使用内部收益率法估计教育回报率关键是要确定投资总成本和总收入数据，对于成本数据，只要明确定义了投资成本范畴，各期数据就较容易获取，而收入数据却较难获取。用内部收益率法估算教育回报率需要详细地按教育程度划分的年龄—收入数据，而这些数据在大多数国家是不可得的，即使可得，也会面临样本过小的问题，在发展中国家尤其如此。

对于收入数据，作者的做法是，首先将劳动者按照受教育程度分组；其次，使用相同受教育程度的劳动者的年龄、收入数据，按照 $y_t = a + b \times age_t + c \times age_t^2$ 做不同组别的年龄—收入回归，其中，t 期劳动者收入，age 为年龄；最后，基于上述方程，估计给定年龄和受教育程度劳动者的总收入 $\hat{y}$。从萨卡普洛斯对收入数据估计的实际做法来看，其估计思想同收入法对人力资本未来收入的估计思想基本相同，这就为本书使用收入法估算的人力资本未来收入流作为人力资本总收入提供了理论支持。

第三，从 Jorgenson 和 Fraumeni（1992）的研究中得到理论支持。该文在提出用收入法估算的人力资本价值作为教育部门产出时，与成本法估算的人力资本价值进行了比较，并认为，两种估算方法依据的理论基础不同，具有截然不同的含义，但恰恰因为这个原因，将成本法与收入法相结合，使估算教育部门的生产效率成为可能。可见，将成本法与收入法相结合估算人力资本回报率是一个 Jorgenson 等（1992）提出过，却被学界忽略了的一项研究课题。

由于本书使用的上述方法是将全社会人力资本各期可获得的

累计收入与各期人力资本投资累计成本做差分，因此，暂称其为"差分回报法"。

（2）基本公式

给定报告年（T 年），折现率 r，全社会人力资本投资成本 C 的累计现值可表示为：

$$\sum_{t=T-P}^{0} C_{(T-t)}(1+r)^t \sum_{t=T-P}^{0} C_{(T-t)}(1+r)^t \tag{5.1}$$

式（5.1）中，P 为人力资本投资初始年份，$t = T-P$，$T-P-1$，…，0。

给定报告年（T 年）以及相同的折现率 r，全社会人力资本预期可获得回报 Y 的累计现值可表示为：

$$\sum_{t=0}^{Q-T} \frac{Y_{(T+t)}}{(1+r)^t} \tag{5.2}$$

式（5.2）中，Q 为人力资本受益期的最后年份，$t = 0$，1，2，…，$Q-T-1$，$Q-T$。

根据式（5.1）和式（5.2）可得报告年（T 年）全社会人力资本投资净收益 NR：

$$NR = \sum_{t=0}^{Q-T} \frac{Y_{(T+t)}}{(1+r)^t} - \sum_{t=T-P}^{0} C_{(T-t)}(1+r)^t NR = \sum_{t=0}^{Q-T} \frac{Y_{(T+t)}}{(1+r)^t} -$$

$$\sum_{t=T-P}^{0} C_{(T-t)}(1+r)^t \tag{5.3}$$

式（5.3）实际上是式（5.2）与式（5.1）做差分的结果。进一步地，根据式（5.3）和式（5.1），报告年（T 年）全社会人力资本投资的收益率 NRR 可用式（5.4）计算：

$$NRR = NR/\sum_{t=T-P}^{0} C_{(T-t)}(1+r)^t NRR = NR/\sum_{t=T-P}^{0} C_{(T-t)}(1+r)^t$$

$$\tag{5.4}$$

依据式（5.3）和式（5.4）估算人力资本投资的社会收益总额及收益率，需要人力资本投资期内全社会各期的人力资本投资成本数据、人力资本受益期内全社会各期的人力资本收入数据。最近若干年来，关于人力资本存量水平估算方法的研究以及相应的实证估算成果，为本书基于差分回报法估算人力资本社会收益的上述数据需求提供了良好条件。

人力资本存量估算方法中，其中一类方法是成本法，其核心思想在于"人力资本存量价值等于花费于人（或劳动者）身上的相关支出的总和"，其估算方法是将投资期内各期人力资本投资支出按照合理规则加总。许多研究运用成本法对我国人力资本存量水平做出了实证估算，这些成果为本书人力资本投资成本变量的基础信息提供了数据支持。

人力资本存量估算中的另一类方法是收入法，收入法的核心思想在于"人力资本价值大小在于拥有资本所能获得的回报多少"，其估算方法是将每个人力资本主体服务期内各期可能获得的收入现值加和，形成全体人力资本载体的终身收入现值，因此，收入法估算的人力资本存量实质上就是全社会人力资本主体的终身收入现值。基于收入法估算中国人力资本存量的成果相对较少，但目前已有的研究成果也可以为本书人力资本收入变量的基础信息提供数据支持。

因此，借助于人力资本存量估算研究形成的最新成果，本书基于差分回报法来估算人力资本投资的社会收益已具备较好的数据条件。并且，在这些数据条件支持下，运用差分回报法对人力资本投资社会收益的反映，体现了人力资本投资的累积性、收入过程的长期性特征。同时，从累计成本和累计收入上比较收益，避免了简单采用教育回报率的片面性。因此，本书将运用人力资本存量水平估算中的成本法和收入法提供的人力资本投资成本和收入信息作为数据源，采用差分回报法估算全国及代表省份人力资本投资的社会收益。

本书对人力资本相对回报的估算，涉及物质资本回报估算，在可比性原则下，物质资本回报也须按照同人力资本回报相同的估算方法，即差分回报法，按照式（5.3）估算物质资本宏观回报。

二　数据来源

采用差分回报法对资本收益进行估算，关键在于投资成本和总收入数据的获取。

（一）人力资本数据

（1）人力资本投资成本数据

如前所述，成本法估算的人力资本存量水平，本质上反映了为积累报告期人力资本所发生的历史累计投资。由于基础数据相对完备，成本法估算中国人力资本存量水平的成果比较丰富，国内外对人力资本存量估算的大量研究是基于成本法的，如 J. W. Kendrick（1976）、张帆（2000）、侯风云（2007）、钱雪亚（2008，2011）等，他们在各自定义的人力资本投资范畴内，选择不同的价格调整指数和折旧率对不同年份的人力资本存量进行了估算。本书选择借鉴钱雪亚（2011）提供的估算数据，原因在于：

第一，本书更认可钱雪亚（2011）对人力资本投资范畴的界定。诸如小孩抚养支出、R&D 支出等是否属于人力资本投资等问题，学界存在争议，钱雪亚（2008，2011）就人力资本投资确定中的争议问题逐一进行了系统讨论，本书认为钱雪亚（2011）的界定相对客观和合理。因此，本书采用钱雪亚（2011）对人力资本投资的范畴界定，即以积累人力资本为直接目的，以增加收益为最终目的的投资，是人力资本投资。而用于维持生存为目的的花费，属于消费，不属于人力资本投资。

第二，钱雪亚（2011）在提供估算结果的同时，提供了详细具体的基础数据出处，这使得本书在其基础上进一步更新形成近期的数据成为可能。钱雪亚（2011）的基础数据全部来自政府统计连续公开发布的各类年鉴，包括历年《中国统计年鉴》

《中国人口统计年鉴》《中国教育经费统计年鉴》《中国劳动统计年鉴》《中国农村统计年鉴》《中国物价及城镇居民家庭收支调查统计年鉴》等，这些出版物提供的完整、连续的 GDP、人口、劳动力、教育、卫生、城乡居民收支等基础数据，使本书可以沿用钱雪亚的方法将数据更新到 2009 年，并且，相对于其他数据源而言，本书更相信这些连续出版物提供的基础数据总体上是更为可信的。

第三，钱雪亚（2011）的估算本身虽然仍然存在误差，但这种误差主要来源于基础数据的波动，相对容易被观察。比如钱雪亚（2011）在其附录三中指出：人口统计显示，2005 年全国6 岁以上人口的学历分布与 2004 年比较，表现为系统性的相对高学历比重下降而相对低学历比重上升：全国大专及以上比重下降 0.2065 个百分点，高中比重下降 0.9573 个百分点，初中比重下降 0.9470 个百分点，而小学和不识字的比重则分别上升0.9051 个和 1.2057 个百分点。全国平均水平如此，绝大部分省市区也如此。作者判断，2005 年这种 6 岁及以上人口中相对高学历比重全面系统下降的现象可能是一种异常的波动。对于这种异常波动，由于条件的限制作者并未进行修正，因而必然延续为估算结果的误差。但是，因为基础数据的波动是可观察的，从而估算结果的波动也基本可解释，这样，误差对估算结果的阅读和运用所产生的影响相对而言可以减弱许多。

但是由于钱雪亚（2011）是运用永续盘存法估算人力资本存量，这种方法反映的人力资本历史投资信息与本书应该反映的人力资本投资成本之间存在两方面偏差：一是原方法对过去投资作了折旧处理，而本书关注的则只是过去投资，无须考虑折旧；二是原方法对各期历史投资按当期价值加总，而本书关注所有历史投资成本的现值。这两方面的差异会使本书低估成本，因此，本书没有直接引用其存量结果作为投资成本，而是用其中间数据——人力资本历年投资数据作为方法中的成本 C。[1]

为保持可比性，人力资本历史投资折现率采用与人力资本收入估算中相同的折现率，由于本书将使用李海峥等（2010）提供的收入数据，因此，按照该文中的折现率，取 3.14%。进而按照式（5.1）计算了 1995—2009 年全国以及代表性省份[2]的人力资本投资成本，由于 1995 年的积累投资是过去投资的加总，本书 1995 年的数据引用钱雪亚（2011）。

人力资本投资成本数据见表 5.2.1。

表 5.2.1   全国及代表性省份人力资本投资总成本：1995—2009 年   单位：亿元

年份	全国	北京	辽宁	上海	江苏	安徽	山东
1995	11250	561	641	636	895	308	657
1996	16496	733	858	854	1274	483	1009
1997	22925	964	1117	1151	1756	699	1430
1998	30149	1243	1399	1490	2307	946	1898
1999	38505	1564	1709	1896	2939	1228	2445
2000	48215	1962	2081	2367	3654	1531	3097
2001	59094	2428	2495	2901	4428	1873	3799
2002	71691	2991	2971	3469	5318	2250	4607
2003	85802	3647	3507	4114	6362	2677	5498
2004	101469	4383	4094	4882	7515	3182	6481
2005	119544	5254	4789	5754	8864	3758	7621
2006	140271	6280	5565	6726	10386	4461	8955
2007	159088	7208	6235	7511	11777	5050	10114
2008	180281	8285	6984	8406	13316	5707	11425
2009	206482	9585	7925	9492	15204	6516	12940

---

①　为了比较使用投资数据作为成本与使用人力资本存量数据作为投资成本之间的差别，本书附录对两种成本进行了比较，并对基于这两种成本进行估算的人力资本回报相关结果进行了比较。

②　因本书后文"人力资本总收益"采用的是李海峥提供的数据，该文只提供了全国和北京、辽宁、上海等 12 个省市的数据，而这 12 个省市也可代表东、中、西部的差异，为了前后对照可比，本书也将这 12 个省市作为代表性省份。

续表

年份	河南	湖北	湖南	广东	贵州	甘肃
1995	486	390	461	958	120	147
1996	733	634	704	1517	197	216
1997	1028	933	980	2182	296	303
1998	1359	1288	1300	2925	406	399
1999	1728	1708	1661	3769	543	516
2000	2180	2184	2054	4729	707	661
2001	2677	2701	2497	5783	895	822
2002	3230	3282	2978	7063	1126	1007
2003	3882	3895	3499	8502	1371	1209
2004	4601	4570	4070	10061	1645	1434
2005	5432	5321	4722	11800	1977	1702
2006	6434	6187	5470	13736	2346	2016
2007	7342	6934	6128	15344	2704	2317
2008	8369	7767	6859	17118	3125	2683
2009	9651	8791	7762	19300	3647	3133

注：历年人力资本投资均以1995年价折算，2006年以前的价格指数采用钱雪亚（2011）的方法，因2007年后《中国教育经费年鉴》公用支出部分不再分公务费、业务费、设备购置费、修缮费和其他费用，而是分为商品和服务支出、其他支出（分为专项公用支出和专项项目支出），因此，2007年后的价格指数编制与之前有所不同，以个人支出加上商品服务类支出作为常规性支出，其他支出作为专门性支出，其他不变，以此编制价格指数。

（2）人力资本总收入数据

如前所述，收入法估算的人力资本存量水平，本质上反映了基于报告期所拥有的人力资本所能获得的终身回报现值。由于基础数据条件的限制，收入法估算中国人力资本存量水平的成果相对较少[①]，李海峥等（2010）提供的数据是这一研究领域最完整的。

采用收入法估算人力资本价值需要估算对象每个主体的大量

[①] 分别是李海峥等（2010）、王德劲和向蓉美（2006）、朱平芳和徐大丰（2007），相对而言，李海峥（2010）的研究更为系统，数据也更新一些。

信息，包括按性别、年龄、受教育水平等交叉分组的各类人员的人口数、死亡率、升学率、收入水平等历史数据，对数据质量和数量要求都非常高，而我国现有政府统计并不提供人口数、死亡率、升学率、收入水平等指标按性别、年龄、受教育水平等交叉分组的统计数据。李海峥带领的研究团队基于历年"中国城镇住户调查"数据，1989 年、1991 年、1993 年、1997 年和 2000 年的"中国健康和营养调查"数据，以及 1987 年、1995 年、2005 年的1% 人口抽样数据和 1982 年、1990 年、2000 年人口普查数据，"把我国的人口群体划分为 5 个教育层次：0 岁、1 岁……59 岁、60 岁及以上共 61 个年龄层次、再分男女以及城乡"，"各个年度需要估算 2340 个不同群体"的收入数据和人口数据，在形成以上数据的基础上，再根据 Jorgenson 和 Fraumeni（1989；1992）的方法对我国 1985—2007 年人力资本存量作出了估算，结果包括 1985年以来的名义人力资本存量和以 1985 年价格为基础的实际人力资本存量（以居民消费价格指数进行调整）。

　　由于缺乏现成的细分组别的收入、人口等基础数据，李海峥（2010）的估算方法和步骤十分复杂，相应地必然存在误差。但是，在估算方法及理论依据等方面，李海峥（2010）的研究是相对成熟的，其研究成果已经形成一定的影响，并开始被部分国际组织所关注。同时，考虑到其稳定地运用相同的基础数据以相同的估算程序开展估算工作，因此，其估算误差在时间维度上是基本稳定的，在截面维度上是基本一致的，因此，运用李海峥（2010）的这一成果作为本书人力资本收入所产生的延伸误差相对来说也是基本连续和一致的，对本书就人力资本投资回报趋势观察、就人力资本投资回报在省市间比较观察而产生的影响一定程度上可以减弱。

　　由于该文已对人力资本收入进行了折现[①]（折现率为

　　[①]　该文中的折现率采用 1996—2007 年个人可购买的 10 年期国债平均利率，再扣除通货膨胀率，从而得到实际的折现率为 3.14%。

3.14%），因此只需将该数据调整到与投资成本可比，即可满足式（5.2）所需。本书参考李海峥等公布的《中国人力资本报告2011》将数据整理至 2009 年，包括全国及代表性省份的人力资本存量。为保持同投资成本的可比性，本书通过对历年居民消费价格指数进行换算，将李海峥估算的结果换算到以 1995 年价格为基础。

数据整理结果见表 5.2.2。

表 5.2.2　　　全国及代表性省份人力资本收入（1995—2009 年）　　　单位：亿元

年份	全国	北京	辽宁	上海	江苏	安徽	山东
1995	933000	19380	41870	28130	104530	37670	93710
1996	996307	20645	43957	29295	110000	40364	94626
1997	1125548	23393	47706	33094	128079	45604	103374
1998	1310736	27324	53510	38198	152266	51613	117079
1999	1538079	32332	62542	44224	180982	61811	132489
2000	1769487	37256	72116	52025	207303	72609	152569
2001	1981354	42074	80966	60724	232794	82694	164109
2002	2269729	50357	89951	68490	267029	94997	186288
2003	2548413	59342	96931	79607	306694	105922	207032
2004	2773357	69994	105274	92141	335546	115304	225408
2005	3120097	79690	113947	106204	368718	128960	257834
2006	3397049	93598	128653	120223	411309	147295	289592
2007	3693485	107373	139001	134289	449393	161852	315189
2008	3992318	122003	152932	148066	484826	175858	340826
2009	4581842	145737	170825	175769	551086	205733	393340

年份	河南	湖北	湖南	广东	贵州	甘肃
1995	63640	47440	44470	125540	20570	13200
1996	66462	50704	47734	136336	21540	13566
1997	74505	56288	53597	159227	24041	15106
1998	87949	66529	61593	192322	27515	17361
1999	104746	78279	70588	235517	31798	20453
2000	123644	91936	81254	270853	38256	23317
2001	138275	102107	91650	312613	40382	25569
2002	155981	113201	103422	367758	46292	29555

续表

年份	河南	湖北	湖南	广东	贵州	甘肃
2003	176409	122614	112630	415419	51784	33642
2004	191970	128408	121040	460203	56634	37473
2005	221912	140267	131323	499508	60982	41480
2006	256871	156464	149088	562306	66483	47570
2007	282201	170853	162517	618282	70371	50905
2008	303234	184994	176064	661133	74064	52943
2009	356071	213881	202079	805058	84480	60189

注：李海峥等《中国人力资本报告 2011》提供的数据是以 1985 年居民消费价格指数为基础进行平减的，实际收入增长率采用劳动生产率增长率；收入折现率采用 1996—2007 年个人可购买的 10 年期国债平均利率，再扣除通货膨胀率，从而得到实际的折现率为 3.14%；计算结果不包含非市场收入。为了与人力资本投资成本可比较，本书根据历年居民消费价格指数进行换算，调整到以 1995 年价格为基础。

资料来源：李海峥等（2011）：《中国人力资本报告 2011》；李海峥等（2010）：《中国人力资本测度与指数构建》，《经济研究》2010 年第 8 期。

（二）物质资本数据

（1）物质资本投资成本数据

由于国民账户核算体系（SNA）的引入，我国对物质资本存量的估算都是按照 SNA 标准进行，如岳书敬和刘朝明（2006）、张军和章元（2004）、张帆（2000）、钱雪亚（2011）等。

同人力资本投资总成本数据一样，基于永续盘存法估算的物质资本存量并非本书估算所需的历史投资现值，因此，同样存在低估偏差。本书以钱雪亚（2011）提供的 1995 年存量为基础，以报告期全社会固定资产投资为新增投资，按照式（5.1）计算历年物质资本投资总成本，其中折现率取 3.14%。历年新增投资数据来自历年《中国统计年鉴》。表 5.2.3 提供了 1995—2009 年的全社会物质资本投资总成本。

表 5.2.3　　全国及代表性省份物质资本投资成本（1995—2009 年）　　单位：亿元

年份	全国	北京	辽宁	上海	江苏	安徽	山东
1995	83195	3304	4604	5730	6950	2209	6295
1996	105979	4152	5494	7657	8912	2817	7824
1997	130300	5070	6467	9559	11103	3484	9560
1998	158056	6106	7513	11478	13612	4196	11505
1999	187345	7186	8619	13323	16155	4894	13744
2000	219287	8354	9859	15182	18803	5678	16237
2001	255253	9727	11243	17162	21688	6555	18945
2002	297212	11350	12795	19342	25156	7597	22291
2003	349655	13268	14754	21745	30198	8927	27254
2004	412644	15411	17437	24494	35973	10637	33313
2005	490736	17790	21115	27632	43100	12846	41176
2006	586069	20554	25995	31115	51786	15879	50396
2007	703557	23840	32199	35059	62283	20208	60586
2008	850392	27061	40492	39482	75272	25875	73057
2009	1035117	30890	50517	44017	90815	33005	87930

年份	河南	湖北	湖南	广东	贵州	甘肃
1995	3579	2992	2438	10095	779	831
1996	4611	3919	3110	12438	968	1035
1997	5778	4914	3755	14672	1183	1267
1998	7038	6032	4504	17256	1451	1554
1999	8242	7235	5331	20137	1754	1890
2000	9577	8514	6257	23189	2131	2252
2001	11068	9933	7318	26564	2638	2665
2002	12756	11467	8531	30304	3236	3136
2003	14888	13142	9924	34879	3927	3681
2004	17541	15120	11645	40122	4688	4294
2005	21180	17406	13751	46257	5554	5004
2006	26085	20212	16219	53218	6582	5806
2007	32642	23803	19342	61277	7841	6786
2008	41101	28395	23485	70672	9413	8016
2009	51967	34568	28967	81664	11435	9699

（2）物质资本总收入数据

用未来收益法估算物质资本收入，目前学界尚无人估算。本书对此作出了尝试。用未来收益法估算物质资本收益，首先要界定物质资本收入，其次，确定物质资本使用年限（寿命），收入增长率以及折现率。折现率在可比性原则下，选取和人力资本收入相同的折现率3.14%。

①物质资本收入范畴界定

根据钱震杰（2011），物质资本收入份额＝（GDP-生产税净额-劳动报酬）/（GDP-生产税净额），而在我国国民经济核算体系中，按照收入法核算的GDP＝劳动者报酬+生产税净额+固定资产折旧+营业盈余，因此，从宏观视角看，物质资本总收入是国民生产总值中除去劳动者报酬和政府所得剩余的部分，即物质资本收入=固定资产折旧+营业盈余。白重恩等（2009）也指出，物质资本收入等于收入法国民生产总值中的营业盈余和固定资产折旧两部分之和。

根据国家统计局（2012）统计口径，固定资产折旧（消耗）是指核算期内生产单位为补偿生产活动中所耗用的固定资产而提取的价值，代表固定资产在生产过程中磨损的价值。营业盈余是指生产单位总产出扣除中间消耗、劳动者报酬、生产税净额和固定资产消耗以后的余额，代表资本要素从当期生产中最初获得的报酬。营业盈余不是单独核算的项目，而是增加值减去劳动报酬和生产税净额之后的余额，反映了增加值中分配给资本要素所有者的部分（钱震杰，2011）。因此，本书将GDP构成中的固定资产折旧和营业盈余作为物质资本总收入。

②物质资本分类与使用寿命

由于全社会固定资本投资分为建筑安装类和设备工具购置类，这两类固定资本具有不同的服役年龄，因此，对于基于收入法核算物质资本收入来说，将这两类资本分开计算收入和资本是十分必要的。根据《中国统计年鉴》提供的建筑安装类和设备购置类历年的投资比例，本书将 1995—2011 年的物质资本总收入（固定资产折旧+营业盈余）按各年比例分为建筑类收入和设备类收入两类。

按照终身收入法估算物质资本收入，需要确定资本寿命和未来收入数据，本书处理方法如下：

第一，关于资本役龄，建筑和设备寿命的确定是根据专家建议进行的（黄勇峰，2002），Maddison（1993）建议对中国建筑和设备的寿命假定为 40 年和 16 年，黄勇峰（2002）、钱雪亚（2011）认为是合适的，因此，本书将建筑安装类固定资本寿命设定为 40 年，设备类寿命设定为 16 年。

第二，关于未来收入，本书按照 1995—2011 年建筑类和设备类实际收入的平均增长率计算（全国建筑类实际收入增长率按 20%，设备类按 17.5% 计算，各省份建筑类和设备类的收入增长率按各自平均增长计算[①]），并按照 3.14% 的折现率将各期收入折算到报告期，按照消费价格换算指数将各年收入折算到 1995 年价格。如此，可以计算 1995—2009 年建筑类和设备类终身收入（1995 年价）。

第三，最终将建筑类和设备类基于终身收入法估算的资本存量数据相加，得到基于收入法估算的物质资本总收入。

③收入数据来源

收入法国内生产总值中提供了按要素收入分配构成的数据，是估算要素收入的重要基础数据来源。在我国国民经济核算体系中，有三个渠道提供按收入法计算国内生产总值各项目构成情况。第一个渠道是投入产出表的使用表（投入表）部分，投入

---

① 建筑安装类收入各省市平均增长率为：北京 23.5%、辽宁 23.1%、上海 23.8%、江苏 24%、安徽 22.8%、山东 26.2%、河南 24.7%、湖北 22.2%、湖南 25.8%、广东 24%、贵州 22.9%、甘肃 23.8%；设备类收入增长率为：北京 17.4%、辽宁 13.2%、上海 15.3%、江苏 15.6%、安徽 14.5%、山东 17.3%、河南 16%、湖南 17%、广东 15.4%、贵州 14.6%、甘肃 15.3%。

产出表是唯一在全国层面按产业部门分类提供各类收入的数据来源。不过投入产出表仅在逢二、逢七的年份编制，到目前为止仅能取得 1987 年、1992 年、1995 年、1997 年、2000 年、2002年、2005 年、2007 年按产业部门分的要素收入数据，其中 1995年、2000 年、2005 年分别是 1992 年、1997 年、2002 年投入产出表的延长表。第二个来源是各省份国内生产总值收入法项目构成数据，《中国统计年鉴》从 1995 年开始提供全国 30 个省、自治区、直辖市（重庆成为直辖市后，1998 年改为 31 个）的按收入法计算的国民生产总值四大类收入的数据，对应《中国统计年鉴》中的"国内生产总值结构项目"或"按项目构成分的GDP"表。收入法 GDP 项目构成的第三个来源渠道是资金流量表的实物部分。资金流量表的核算收入在不同机构部门间的转移和支付，其起点是生产活动成果（原始收入），以此为基础向各生产要素所有者支付要素成本后，为初次分配结果。经过初次分配后，增加值被分为劳动者报酬、生产税净额、固定资产折旧和营业盈余四项。全国的资金流量表编制工作从 1986 年开始进行，国家统计局在《中国统计年鉴1998》中发布了自 1992 年开始的资金流量表，并在以后各年发布三年前的资金流量表，但一直无法与其他数据来源对接。在 2004 年经济普查后，国家统计局国内经济核算司对 1993 年以来的资金流量表进行了修订，目的是提高资金流量表数据与收入法国民生产总值各项目的可比性。但2004 年开始国家统计局将个体经营者收入从劳动者报酬计为营业盈余，造成了数据的波动性。

三大类渠道的数据质量各有优劣，但由于受编制周期的影响，投入产出表数据不连续，无法提供连续的时间序列，单单根据投入产出表数据判断中国国民要素分配变化趋势有一定困难，而资金流量表则存在口径和数据波动问题，无法和其他数据形成有效对接，特别是用于与其他来源的数据进行比较时，不能确定其可比性。相比而言，各省份国内生产总值收入法项目构成数据更适合本书估算需要，且国家核算数据是在地方核算基础上加以修正形成的，对地方核算中高估固定资产折旧和营业盈余的做法有所修正（钱震杰，2011），数据质量较为可靠。即便存在高估或低估的误差，只要这种误差不随时间改变，对于本书关注人力资本与物质资本相对回报的变动是无害的。因此，本书物质资本收入基础数据主要来自《中国统计年鉴》全国及各省份国内生产总值收入法项目构成数据。

但从 2004 年开始，国家统计局将个体经营者收入从劳动者报酬计为营业盈余，因此，实际上 2004 年之后的物质资本收入核算口径大于 2004 年之前，若不对基础数据进行调整，2004 年之后的物质资本收入将被高估，与 2004 年之前的物质资本收入也不可比。对此，本书借鉴 Bemanke 和 Gurkaynak（2001）的做法，利用总体就业人数和个体经济就业人数数据对总体盈余进行调整。

第一步，假设个体经济与非个体经济的单位资本收入相同，将营业盈余除以就业总人数，得到平均营业盈余；第二步，用计算出来的平均营业盈余乘以个体经济就业人数，得到个体经济营业盈余；第三步，将收入法 GDP 项目构成中的营业盈余扣除个体经济营业盈余，剩余部分则为与 2004 年之前的营业盈余可比数据。附表 2.5.3 和附表 2.5.4 提供了 2004—2009 年根据经济普查数据调整的个体经济就业人数和就业总人数，附表 2.5.1 和附表 2.5.2 提供了调整营业盈余前后的物质资本收入。

根据附表 2.5.1 和附表 2.5.2 提供的基础数据，将物质资本收入按投资比例分为建筑安装类和设备购置类收入，并根据建筑类和设备类不同的使用年限估算其终身收入，进而按照式（5.2）估算的物质资本未来总收入，结果见表 5.2.4。

表 5.2.4　　全国及代表性省份物质资本总收入（1995—2009 年）　　单位：亿元

年份	全国	北京	辽宁	上海	江苏	安徽	山东
1995	71907302	1991998	2735869	2725735	7445036	2022337	7101879

续表

年份	全国	北京	辽宁	上海	江苏	安徽	山东
1996	79697792	2207434	3031462	3019373	8252566	2241646	7870895
1997	93052910	2576971	3538659	3523710	9636368	2617484	9189442
1998	112583400	3117470	4280576	4261650	11659815	3167060	11117778
1999	137036527	3794209	5209509	5185621	14193251	3855151	13532157
2000	163805055	4534990	6226322	6196920	16966660	4608416	16175108
2001	195213893	5404181	7419390	7383508	20220849	5492261	19276209
2002	236157752	6537272	8974716	8930459	24462858	6644404	23318769
2003	280037899	7751583	10641499	10588181	29009176	7879194	27651200
2004	323437040	8952536	12289909	12227521	33505776	9100474	31936089
2005	381263314	10552781	14486430	14412095	39497025	10727711	37645465
2006	450751882	12475773	17125967	17037303	46696549	12683118	44506309
2007	516255070	14288422	19614002	19511708	53483291	14526407	50973606
2008	585174654	16195602	22231785	22115132	60624025	16465839	57778202
2009	707140616	19570884	26864808	26723131	73260452	19897929	69820381

年份	河南	湖北	湖南	广东	贵州	甘肃
1995	3540153	2627777	2313825	7123367	619032	630249
1996	3923988	2912818	2564945	7893510	686197	698539
1997	4581823	3401261	2995186	9214678	801279	815603
1998	5543770	4115476	3624263	11147133	969553	986794
1999	6748168	5009701	4411890	13566693	1180237	1201134
2000	8066635	5988631	5274137	16215202	1410880	1435771
2001	9613662	7137262	6285860	19322810	1681506	1711081
2002	11630306	8634562	7604681	23373953	2034280	2069969
2003	13791603	10239276	9018126	27715462	2412363	2454596
2004	15929246	11826443	10416132	32009178	2786313	2835007
2005	18777455	13941175	12278806	37730510	3284560	3341876
2006	22200077	16482391	14517126	44605759	3883289	3950970
2007	25426443	18877909	16627134	51086463	4447694	4525132
2008	28821090	21398377	18847202	57905138	5041537	5129240
2009	34828414	25858653	22775823	69972779	6092409	6198317

第三节　静态层面的观察

一　我国人力资本总体回报及地区分布

从静态层面观察人力资本回报及其分布，主要是为了判断某一时点（某一年份）上，人力资本总体回报及其分布情况，判断不同地区、不同人力资本、不同产业、行业等方面的收入分配激励导向。从宏观角度看，以本书所获得的数据，仅能观察不同地区间的人力资本回报分布情况，判断不同地区对人力资本的收入分配激励情况。根据差分回报法，对 2009 年的人力资本回报进行测算，首先要计算人力资本投资总成本和总收入。

（一）人力资本投资成本数据

人力资本投资成本 2009 年数据根据钱雪亚（2011）提供人力资本投资定义估算，结果见表 5.3.1。

表 5.3.1　　　全国及代表性省份人力资本投资成本（2009 年）　　　单位：亿元

全国	北京	辽宁	上海	江苏	安徽	山东
206482	9585	7925	9492	15204	6516	12940
河南	湖北	湖南	广东	贵州	甘肃	
9651	8791	7762	19300	3647	3133	

（二）人力资本总收入数据

人力资本总收入 2009 年数据来自李海峥等（2010），本书根据该文提供的名义人力资本存量，用消费价格换算指数调整到 1995 年价，以同人力资本累计投资成本保持可比，结果见表 5.3.2。

表 5.3.2　　　　全国及代表性省份人力资本总收入（2009 年）　　　单位：亿元

全国	北京	辽宁	上海	江苏	安徽	山东
4581842	145737	170825	175769	551086	205733	393340
河南	湖北	湖南	广东	贵州	甘肃	
356071	213881	202079	805058	84480	60189	

（三）全国人力资本回报及其地区分布估算结果

根据表 5.3.1 和表 5.3.2 的数据，利用式（5.3）和式（5.4），本书分别计算了 2009 年全国及代表性省份的人力资本回报水平及其回报率，见表 5.3.3 和表 5.3.4。

表 5.3.3　　　　全国及代表性省份人力资本回报水平（2009 年）　　　单位：亿元

全国	北京	辽宁	上海	江苏	安徽	山东
4375360	136152	162900	166277	535883	199217	380400
河南	湖北	湖南	广东	贵州	甘肃	
346420	205090	194317	785758	80833	57056	

表 5.3.4　　　　全国及代表性省份人力资本回报率（2009 年）　　　单位：亿元

全国	北京	辽宁	上海	江苏	安徽	山东
24.25	17.44	23.12	20.16	39.89	34.20	33.13
河南	湖北	湖南	广东	贵州	甘肃	
41.06	26.00	27.48	45.53	26.55	21.41	

从表 5.3.3 和表 5.3.4 看，我国人力资本回报分布是不均衡的，各地区人力资本回报呈现很大的差异性。总体来看，北京、上海等发达城市的人力资本回报水平和回报率并不高，相反，河南、山东、安徽、湖南、湖北、甘肃、贵州等不发达的中西部省份回报率高于北京、上海。这可能是由于劳动力流动造成的，北京、上海等经济发达地区是大规模劳动力流入地，这部分劳动者在发达省市获得收入，但这部分收入并没有统计在这些发达省市，而是被统计到劳动者家庭收入，同时由于北京、上海等地人

力资本总体投资很高，这就造成了高投资、低回报的现象。相反，中西部地区人力资本投资成本较低，但劳动力流出数量多，且多数流动到北京等发达地区，结果收入流回到中西部，因此造成统计数字上的高回报率。另外也可能与省市人口规模有关，因为收入水平是省内全部人口的全部收入，即使每个人的回报不高，但是人口多，也会造成该省总回报高的现象。江苏省和广东省无论人力资本回报额还是人力资本回报率在全国都处于较高水平，这可能同这两省重工业较少、电子加工、服装贸易等产业较为发达有关。因而，收入更多地被统计到人力资本收入范畴。因此，我们在根据统计数字作出推断时，不能局限于数字本身，更要分析数据背后收入的真实来源，贵州等欠发达地区貌似人力资本回报高于北京、上海等发达省市，但其收入恰恰来自那些发达省市依靠物质资本推动的经济增长。

二　我国人力资本回报的层次分布

人力资本回报的层次分布是为了观察人力资本内部的回报分布，观察收入分配激励更侧重于哪一层次的人力资本。由于李海峥等（2010）基于收入法估算的人力资本存量并没有计算分学历的存量结果，本书无法基于差分回报法进行测算。因此，对于人力资本回报的学历分布状况暂时采用不同教育层次的教育回报率分布代替。基础数据来源于"中国城镇家庭住户调查"数据（Urban Household Servey，简称 UHS 数据）。

"中国城镇家庭住户调查"数据①提供了全国各省市城镇家庭中，个体的受教育信息、年龄、开始参加工作年份（工作年限）、工资收入（包括基本工资、奖金、津贴和其他劳动相关收入，不包括经营性收入、财产性收入和转移性收入）、行业等方

---

① "中国城镇家庭住户调查（UHS）"由国家统计局城市社会经济调查总队对全国城镇区内的所有住户随机抽样调查，调查重点提供城镇居民及家庭基本情况、收支水平、社会保障、贫困监测等资料，是研究国民收入分配比例、城镇居民收入水平、收入差距等的主要数据资料。

面的信息，可以用来估算不同受教育程度群体的回报差异。本书只取得了北京、辽宁、浙江、广东、四川和陕西六个省（市）的数据，这些省（市）无论在地域分布上还是在经济发展程度上都有一定代表性，因此，本书选用这几个省市的 UHS 数据估算全国不同层次人力资本的回报。

在样本的处理上，本书筛选了 16—60 岁的被雇佣样本，排除了自我经营者、当年失业者、离退休返聘等样本，并按照明瑟方程估计不同层次人力资本的教育回报率。

明瑟方程是估算教育回报率的主流方法，其基本形式是：

$$Lny = \alpha + \beta_1 sch + \beta_2 \exp + \beta_3 \exp^2 + \varepsilon$$

其中，Lny 是对数工资，sch 为个体受教育年限，$\exp$ 为工作年限，$\exp^2$ 是工作年限的平方，表示个体收入和工作年限间的非线性关系，ε 为随机扰动项。β_1 则为教育回报率，其含义为劳动者每多受一年教育对于个体收入的影响，β_2、β_3 分别表示工作年限和工作年限平方项对于个体收入的影响。

由于人力资本异质性很难表达，目前还无法用精确的指标代替，因此，本书暂以学历[①]为分类依据，将全部人力资本分为小学组、初中组、高中组、中专组、大专及以上，并以小学组为基准，估计了 2009 年全国分教育层次的教育回报率（见表 5.3.5）。

表 5.3.5 不同层次人力资本回报率差异 单位:%

初中	高中	中专	大专及以上
10.4*	26.9*	37.1	78.7

注：* 表示在 0.1 水平下显著，其余的均在 0.01 水平下显著。OLS 估计中的解释变量为受教育年限、工作年限、工作年限平方。

---

① 由于人力资本异质性很难表达，因而自 Romer（1986）等提出异质性人力资本的概念之后，学界对如何表示异质性人力资本边际收益递增性，一直没有很好的进展。Barro（1993，1996）提出用受教育程度作为人力资本异质性程度的计量标准，罗默、卢卡斯等人倾向于这一表达方法。国内研究中，邹薇和代谦（2003）、胡永远等（2004）、刘智勇等（2008）、陈秀山等（2006）也均用教育水平作为划分异质性与同质性人力资本的标准。一般认为，学历越高，一个人的学习能力越强，工作效率也越高，对经济增长作用越大。因此，本书也暂以学历为依据划分人力资本层次。

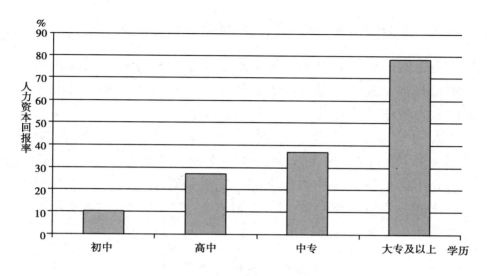

图 5.3.1　不同层次人力资本回报分布

从图 5.3.1 可以发现，初中、高中、中专和大专及以上组别的人力资本回报率高于小学组，而且学历越高，人力资本回报率越高，这是很容易理解的。人力资本水平越高，劳动生产率越高，为经济增长做出贡献越大，收入自然也越高。这是从整体而言的情况，从高中和中专的情况来看，这两个层次的人力资本受教育程度几乎相同，但是高中组的人力资本回报明显地低于中专组，究其原因，是因为高中是普通教育，积累的人力资本是基础性的，不具有针对性，而中专则是直接针对产业发展需求而制定的学习方针，中专组积累的人力资本具有专业性，能够与产业发展形成良好匹配，在这种情况下，中专组相对于高中组而言就是异质性人力资本。而大专及以上组则既有更高的基础知识，又具有良好的专业素质，因而相对于高中和中专组而言，具有更强的生产力，是相对更高的异质性人力资本，获得更高的人力资本回报是理所当然的。从 2009 年人力资本回报的层次分布看，我国分配政策基本是偏向于激励异质性人力资本的。

三   人力资本回报与物质资本回报的相对差异

静态层面的人力资本与物质资本回报的相对差异能反映出某一年份我国分配政策是偏向于物质资本还是人力资本，发展方式是以人力资本为主还是以物质资本为主。

人力资本回报的估算同表 5.3.3，而对于物质资本用式（5.3）进行估算的实践，至今学界尚无人做过，按照本章第二节介绍的估算方法和数据来源，笔者估算了与人力资本终身收入可比的物质资本终身收入，见附表 2.2.1。其中，2009 年物质资本总收入见表 5.3.6。

表 5.3.6   物质资本未来总收入（2009 年）   单位：亿元

全国	北京	辽宁	上海	江苏	安徽	山东
707140616	19570884	26864808	26723131	73260452	19897929	69820381
河南	湖北	湖南	广东	贵州	甘肃	
34828414	25858653	22775823	69972779	6092409	6198317	

注：表中数据以 1995 年价为基础。

根据表 5.3.6 与附表 2.1.1 有关物质资本累计投资成本的数据，本书计算了我国 2009 年物质资本回报，结果见表 5.3.7。

表 5.3.7   全国及代表性省份物质资本回报（2009 年）   单位：亿元

全国	北京	辽宁	上海	江苏	安徽	山东
706105499	19539994	26814291	26679114	73169638	19864924	69732450
河南	湖北	湖南	广东	贵州	甘肃	
34776447	25824085	22746857	69891115	6080974	6188618	

利用表 5.3.3 中的人力资本回报水平与表 5.3.7 中的物质资本回报水平，本书计算了人力资本与物质资本回报的相对差异，见表 5.3.8。

表 5.3.8　　　人力资本回报与物质资本回报的相对差异（2009 年）

全国	北京	辽宁	上海	江苏	安徽	山东
0.0062	0.0070	0.0061	0.0062	0.0073	0.0100	0.0055

河南	湖北	湖南	广东	贵州	甘肃	
0.0100	0.0079	0.0085	0.0112	0.0133	0.0092	

注：人力资本回报与物质资本回报的相对差异＝人力资本回报/物质资本回报。

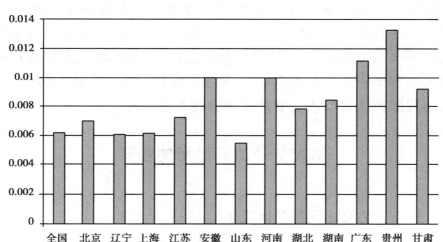

图 5.3.2　人力资本回报与物质资本回报的相对差异（2009 年）

表 5.3.8 和图 5.3.2 刻画了 2009 年我国及代表性省份关于人力资本与物质资本回报的相对差异。从整体情况看，全国人力资本与物质资本回报的比值只有 0.0062，也就是说，2009 年全国人力资本回报只占物质资本回报的 0.62%，这一比值在各省间分布也是不均衡的，北京、上海等市与全国整体情况较为接近，人力资本回报与物质资本回报之比低于安徽、河南、贵州、甘肃等中西部欠发达省份。究其原因，与人力资本整体回报分布的原因相同，一方面可能与人力资本流动和统计方法有关，另一方面可能与各省不同的主导产业有关。如山东省的主导产业以资源密集型产业为主，这种产业特征必然依靠较高的物质投入，因而人力资本回报与物质资本回报之比相对其他省份更低。

但是还是可以清楚地发现，人力资本回报与物质资本回报存在明显差异，物质资本回报大大高于人力资本回报，这说明我国实际分配过程是更加倾向于物质资本激励，发展方式更多的是依靠物质资本推动的。

从表面上看，贵州、安徽等欠发达省市的人力资本回报与物质资本回报之比相对较高，但并不意味着该省发展和分配导向是良好的，我们依据统计数字作政策分析时，不能局限于数字本身，而要分析数据背后收入的真实来源，贵州等欠发达地区貌似人力资本回报高于北京、上海等发达省市，但其收入恰恰来自那些发达省市依靠物质资本推动的经济增长。因此，从整体上说，目前我国经济增长还主要是依靠物质资本推动的。

第四节　动态层面的观察

一　人力资本回报总体变化

（一）全国及不同地区人力资本回报变化

按照静态层面观察中相同的计算方法，基于表 5.2.2 和表 5.2.1 的数据，本书计算了全国及代表性地区人力资本回报的历年变化，结果见表 5.4.1。

表 5.4.1　　全国及代表性省份人力资本回报水平（1995—2009 年）　单位：亿元

年份	全国	北京	辽宁	上海	江苏	安徽	山东
1995	921750	18819	41229	27494	103635	37362	93053
1996	979811	19913	43100	28441	108726	39881	93617
1997	1102623	22428	46588	31943	126323	44905	101944
1998	1280587	26081	52111	36708	149959	50667	115181
1999	1499574	30768	60833	42328	178044	60583	130044
2000	1721271	35294	70035	49658	203649	71079	149472
2001	1922260	39646	78471	57823	228366	80821	160310

续表

年份	全国	北京	辽宁	上海	江苏	安徽	山东
2002	2198038	47367	86980	65022	261710	92747	181681
2003	2462611	55695	93424	75493	300331	103245	201534
2004	2671889	65610	101180	87259	328031	112122	218928
2005	3000553	74436	109158	100449	359854	125202	250213
2006	3256779	87318	123088	113497	400923	142834	280637
2007	3534397	100165	132766	126778	437616	156801	305075
2008	3812036	113718	145948	139660	471510	170151	329401
2009	4375360	136152	162900	166277	535883	199217	380400

年份	河南	湖北	湖南	广东	贵州	甘肃
1995	63154	47050	44009	124582	20450	13053
1996	65728	50070	47031	134820	21343	13350
1997	73478	55355	52616	157045	23745	14803
1998	86589	65241	60294	189397	27108	16962
1999	103018	76571	68928	231748	31255	19937
2000	121463	89752	79201	266124	37549	22656
2001	135597	99407	89153	306830	39488	24746
2002	152751	109919	100444	360694	45166	28549
2003	172527	118719	109132	406917	50413	32433
2004	187369	123838	116970	450142	54990	36039
2005	216480	134946	126601	487708	59006	39778
2006	250437	150277	143618	548569	64137	45554
2007	274859	163920	156390	602938	67667	48588
2008	294866	177227	169204	644015	70939	50260
2009	346420	205090	194317	785758	80833	57056

　　图 5.4.1[①] 根据表 5.4.1 刻画了我国代表性省份人力资本回报水平的历年变动，从图形上看，从 1995 年到 2009 年，我国各省份人力资本回报虽处于上升趋势，但从数值上看变动幅度十分

---

　　① 为了使图形清晰可辨，本书将全国变动和省份变动分开作图，在省份比较中去掉了辽宁、湖南、湖北三个省，其余省份也可较好地代表东、中、西部不同省市的经济发达程度差异。

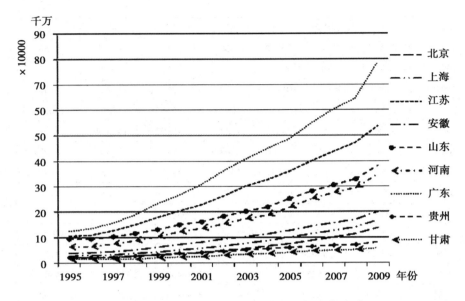

图 5.4.1   代表性省份人力资本回报历年变动

微小，我国 15 年来人力资本回报虽然有所上升，但提升十分有限，并且这种上升并不一定是人力资本回报率提升带来的，也可能是由于要素回报水平整体提升带来的。

回报变动的地区差异看，广东、江苏两省的人力资本回报上升速度较快，这可能与两地加工工业较为发达有关，加工工业多为劳动密集型产业，其收入多被统计到劳动收入范畴，山东、河南的人力资本回报变动处于中等位置，而贵州、甘肃、安徽等省市的人力资本回报提高较慢，几乎没有提高，北京、上海的人力资本回报提升幅度与安徽等省市相近。

（二）人力资本回报率变化

根据人力资本回报（表 5.4.1）和人力资本累计投资成本（表 5.2.1），本书计算了人力资本回报率，结果见表 5.4.2。

表 5.4.2　全国及代表性省份人力资本回报率（1995—2009 年）

年份	全国	北京	辽宁	上海	江苏	安徽	山东
1995	81.93	33.52	64.31	43.24	115.74	121.49	141.55
1996	59.40	27.18	50.26	33.32	85.31	82.59	92.79
1997	48.10	23.26	41.70	27.76	71.95	64.29	71.29
1998	42.47	20.99	37.26	24.64	65.01	53.58	60.70
1999	38.95	19.67	35.60	22.32	60.59	49.33	53.19
2000	35.70	17.99	33.65	20.98	55.74	46.44	48.26
2001	32.53	16.33	31.45	19.93	51.57	43.15	42.20
2002	30.66	15.84	29.27	18.75	49.21	41.22	39.44
2003	28.70	15.27	26.64	18.35	47.21	38.57	36.65
2004	26.33	14.97	24.71	17.87	43.65	35.24	33.78
2005	25.10	14.17	22.79	17.46	40.60	33.32	32.83
2006	23.22	13.91	22.12	16.87	38.60	32.02	31.34
2007	22.22	13.90	21.29	16.88	37.16	31.05	30.16
2008	21.14	13.73	20.90	16.61	35.41	29.82	28.83
2009	21.19	14.20	20.55	17.52	35.25	30.57	29.40

年份	河南	湖北	湖南	广东	贵州	甘肃
1995	129.93	120.52	95.42	130.05	171.09	89.08
1996	89.65	78.98	66.83	88.89	108.39	61.74
1997	71.50	59.30	53.67	71.97	80.22	48.84
1998	63.71	50.64	46.38	64.76	66.72	42.47
1999	59.61	44.83	41.51	61.49	57.52	38.64
2000	55.71	41.10	38.57	56.28	53.08	34.27
2001	50.65	36.81	35.70	53.05	44.14	30.09
2002	47.30	33.49	33.73	51.07	40.10	28.36
2003	44.44	30.48	31.19	47.86	36.77	26.82
2004	40.73	27.10	28.74	44.74	33.43	25.13
2005	39.85	25.36	26.81	41.33	29.85	23.37
2006	38.92	24.29	26.25	39.94	27.34	22.60
2007	37.44	23.64	25.52	39.29	25.03	20.97
2008	35.23	22.82	24.67	37.62	22.70	18.73
2009	35.89	23.33	25.03	40.71	22.17	18.21

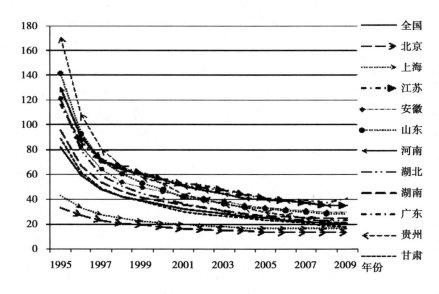

图 5.4.2　全国及代表性省份人力资本回报率历年变动

从表 5.4.2 和图 5.4.2 可以看出我国人力资本回报率的变化及其在不同省份间的差别。从图 5.4.2 可以看出，全国及代表性省份的人力资本回报率整体上呈下降趋势，经济发展水平与人力资本回报率之间存在反差，图 5.4.2 可较为明显地分为三类，第一类是以北京、上海这些经济较为发达的地区，这两个直辖市的经济发展水平在全国处于前列，而人力资本回报率却处于最低水平；第二类是以河南、湖南为代表的中等发达省份，人力资本回报率处于中间位置；第三类是以甘肃、贵州等西部地区，其人力资本回报率处于较高水平。这可能是东、中、西部人力资本投资差异和人力资本流动迁徙造成的，从数据看，中部地区对人力资本投资低于东部地区，西部地区低于中部，但由于现实生活中大量中西部劳动力流向东部地区，获得更高的收入，同时由于人力资本收入数据来自家庭住户调查，收入数据是以家庭为单位，因此，在东部地区工作的人的收入被统计到西部地区，造成中西部地区投资小、收入高，从而收益率高的现象。广东省的人力资本回报率也处于较高位置，这可能同该省的产业特征有关，该省服装、电子、加工贸易等轻纺工业发达，这些行业的发展较少地依赖物质资本，创造的收入更多地表现为劳动者收入而被纳入人力资本收入范畴，可见，产业发展战略与要素间回报结构的变动是紧密相关的。

（三）人力资本回报与 GDP 的比率

人力资本回报水平与 GDP 水平的比值在历年中的变动情况可以在一定程度上反映出人力资本回报的增长速度与 GDP 增长速度之间的关系，为了反映这种关系，本书计算了人力资本回报水平与 GDP 的比例，并作了图形分析，见表 5.4.3 和图 5.4.3。

表 5.4.3　　全国及代表性省份人力资本回报与 GDP 的比率（1995—2009 年）

年份	全国	北京	辽宁	上海	江苏	安徽	山东
1995	15.76	13.49	14.76	11.16	20.10	18.65	18.60
1996	13.10	11.24	12.53	8.70	16.17	15.13	14.12
1997	12.32	10.32	11.26	7.48	15.07	13.24	12.40
1998	12.60	9.83	10.45	7.12	14.96	13.11	11.74
1999	13.09	9.73	10.49	6.81	15.08	13.98	11.25
2000	12.66	8.82	9.91	6.39	13.99	14.51	10.49
2001	12.02	7.73	9.45	6.19	12.85	13.99	9.26
2002	11.66	7.33	8.76	5.72	11.80	13.50	8.40
2003	9.15	4.97	7.67	4.78	10.18	12.50	7.18
2004	7.62	4.25	6.63	4.01	8.04	9.88	5.43
2005	6.69	3.80	5.30	3.67	6.31	8.75	4.37
2006	5.48	3.34	4.51	3.18	5.15	7.80	3.61
2007	4.24	2.76	3.52	2.61	4.09	6.23	2.92
2008	3.53	2.55	2.79	2.33	3.28	4.99	2.35
2009	3.42	2.53	2.47	2.40	2.99	4.55	2.21

年份	河南	湖北	湖南	广东	贵州	甘肃
1995	21.03	19.67	20.04	23.15	32.46	23.59
1996	16.16	14.92	16.03	18.70	27.20	17.23
1997	14.78	12.56	14.32	17.55	25.20	16.09
1998	15.00	12.51	14.02	17.74	24.98	15.17
1999	15.73	13.02	14.29	18.56	24.54	15.36

续表

年份	河南	湖北	湖南	广东	贵州	甘肃
2000	15.09	12.60	13.58	16.84	24.90	15.22
2001	14.08	11.76	12.99	15.95	22.05	13.88
2002	13.25	11.15	12.32	15.09	21.18	13.46
2003	12.14	11.48	11.38	11.01	17.84	11.46
2004	9.31	9.10	8.99	8.91	14.85	9.47
2005	7.61	7.64	7.55	7.16	12.10	8.16
2006	6.59	6.43	6.43	5.90	9.87	7.12
2007	5.20	5.00	4.96	4.72	7.36	5.69
2008	4.14	3.92	3.85	3.95	5.61	4.56
2009	4.06	3.50	3.44	4.09	5.22	4.39

注：表 5.4.3 根据表 5.4.1 和历年《中国统计年鉴》GDP 数据计算，GDP 根据居民消费价格指数折算到 1995 年价。

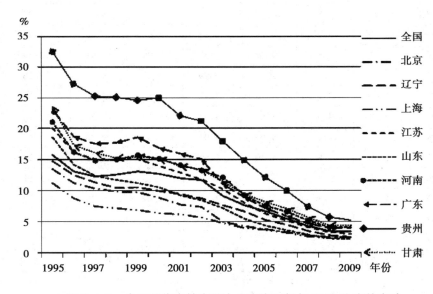

图 5.4.3   全国及代表性省份人力资本回报与 GDP 比率的变动

表 5.4.1 和图 5.4.1 显示，1995—2009 年，我国人力资本回报仅有小幅的上升，图 5.4.2 则显示回报率有一定幅度的下降，而在此期间，我国 GDP 获得了飞速发展，增长将近 21%，

因此，全国及各省市人力资本回报与 GDP 的比率必定大幅下降。图 5.4.3 描绘了人力资本回报与 GDP 比率的变化。显然，1995—2009 年，人力资本回报与 GDP 的比率大幅度下降，1995 年全国人力资本与 GDP 的比率是 2009 年该数值的 5 倍多，且经济越发达的省份，其人力资本回报与 GDP 的比率处于越低的水平，上海、北京的人力资本回报与 GDP 的比率低于河南、湖北、安徽等中部省份，更远远低于贵州、甘肃等欠发达省份，这意味着，我国人力资本从市场获得的收入增长一直落后于 GDP 的增长，且经济越发达的省份，人力资本获得报酬相对增长越缓慢，人力资本分享经济发展成果越少。

在我国按收入法核算的 GDP 构成中，人力资本收入和物质资本收入是其主要组成部分，人力资本回报的持续下降，说明物质资本回报在 GDP 中所占份额越来越大，且经济越发达的省份，物质资本回报越高。由于回报水平的高低在一定程度上反映了生产方式和分配方式，因此，物质资本回报持续上升和人力资本回报的持续下降说明我国目前的经济增长主要是物质资本推动的，我国的分配政策也是倾向于鼓励物质资本投资的。我国政府应积极推动收入分配制度改革，提高人力资本回报率，从而推动产业升级，转变经济发展方式。

二　不同层次人力资本回报分布的变化

不同层次人力资本回报分布的变化仍用教育回报计算，沿用 2009 年的方法，本书基于 UHS 数据计算了 2002—2009 年[①]不同层次人力资本回报的变化（见表 5.4.4）。

---

① 对于教育回报率的估算，本书从 2002 年开始，而没有从 2009 年开始估算的原因在于 UHS 数据在 2002 年之前质量较差，与宏观层次的人力资本回报估算也没有很好的可比性，只能从其变化趋势进行比较，因此也没有必要必须从 1995 年开始估算。

表 5.4.4　　　　　　　　　不同层次人力资本回报变化　　　　　　　　单位:%

年份	初中	高中	中专	大专及以上	整体
2002	10.6 **	31.7	38.5	67.2	9.1
2003	11.4	32.1	50.4	76.1	10.2
2004	8.3	31.3	45	75.2	11.2
2005	11.7	33.4	46.7	78.3	10.9
2006	13.9	36.8	50.6	83.7	12.5
2007	13.2 *	33.2 *	48.7	82.1	11.7
2008	11.5	27.8	42.8	82.3	11.9
2009	10.4 *	26.9 *	37.2	78.5	16.9
累计增长	-0.2	-4.8	-1.2	11.3	7.8

资料来源:基础数据来自 UHS 数据。

注: * 表示在 0.1 水平下显著, ** 表示在 0.05 水平下显著,其余的均在 0.01 水平下显著。OLS 估计中的解释变量为受教育年限、工作年限、工作年限平方。

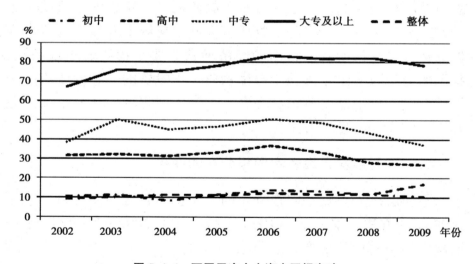

图 5.4.4　不同层次人力资本回报变动

从图 5.4.4 可以发现不同层次人力资本回报的历年变动。从 2002 年到 2009 年,我国不同层次人力资本回报整体上只有小幅提升,这同人力资本宏观回报估算结果是一致的。从人力资本内部结构看,2002—2009 年,大专及以上学历人力资本回报率增长 11.3%，初中、高中和中专层次人力资本则均有所下降，分别下降了 0.2%、4.8% 和 1.2%。大专及以上学历层次人力资本回报上升与高中、中专人力资本回报下降的现象，符合我国经济现实，也同周明海（2010）的研究结果一致，周明海（2010）将总体劳动划分为人力资本和原始劳动，从劳动收入份额的视角对人力资本劳动和原始劳动的收入份额进行了实证研究，结果显示人力资本收入份额是上升的，原始劳动是下降的。

本书对教育回报率的估计是简单粗糙的，并没有进行选择性偏差纠正，也根据桑操（2011）的研究，如果用 Heckman 两步法对样本选择性偏差进行纠正后，各个层次人力资本以及人力资本整体回报率都下降 2%—5%，教育层次越高，纠偏后回报率下降越多，这同人力层次越低，选择性偏差作用越小有关。

我国不同层次人力资本回报变化差异表明我国对不同层次人力资本激励不存在明显的偏向性，虽然高层次人力资本回报高于低层次人力资本，但是从历年变化来看，我国收入分配并未显示出对高层次人力资本的激励倾向。同时若将大专以上学历人力资本回报与整体回报比较，可以发现，高层次人力资本回报率平均保持在 78% 左右，而整体人力资本回报率只徘徊在 10% 左右，这说明，我国高层次人力资本在全国的比重还很小，人力资本结构极不合理。

需注意的是，基于明瑟方程估计的教育回报率的变动（见图 5.4.4）与人力资本宏观回报率的变动（见图 5.4.2）表现是不一致的，这是因为两者的估算方法和估算视角是不同的，估算结果所反映的内容也是有显著差异的，因此，并不能直接比较。教育回报率估算的实际上是一种私人回报率，它反映的是人力资本主体多受一年教育所获得的边际回报，并不涉及成本因素，而宏观回报则是将所有人力资本作为一个主体来看待，估算的全部人力资本的终生净回报与其成本的比值，两者计算过程和理论基础是完全不同的，因此，结果不可直接比较。但本书此处估算不同层次人力资本的教育回报率代替其宏观回报率主要是由于基础数据缺乏的限制，暂时无法估算不同层次人力资本的宏观回报。本书估算不同层次人力资本回报是为了表明不同层次人力资本回报之间的差异及其变动趋势，用教育回报率进行替代虽然不可直接与宏观回报率比较，但对于判断不同层次人力资本回报率之间的差异及其历年变动趋势本身而言，是无害的，也是可行的一种替代方法；从估算结果看，不同层次人力资本回报率还是存在显著差别的，但历年变动不明显，异质性人力资本回报并没有随着经济增长比其他人力资本回报有明显提升。

三　人力资本回报与物质资本回报相对差异的变动

（一）人力资本与物质资本回报额之比的变动

按照与 2009 年物质资本回报相同的方法，本书计算了1995—2009 年的物质资本回报变化（见附表 2.3.1），并计算了人力资本回报与物质资本回报差异的变动（见表 5.4.5）。

表 5.4.5　人力资本回报与物质资本回报之比的变动（1995—2009 年）

年份	全国	北京	辽宁	上海	江苏	安徽	山东
1995	0.0128	0.0095	0.0151	0.0101	0.0139	0.0185	0.0131
1996	0.0123	0.0090	0.0142	0.0094	0.0132	0.0178	0.0119
1997	0.0119	0.0087	0.0132	0.0091	0.0131	0.0172	0.0111
1998	0.0114	0.0084	0.0122	0.0086	0.0129	0.0160	0.0104
1999	0.0110	0.0081	0.0117	0.0082	0.0126	0.0157	0.0096
2000	0.0105	0.0078	0.0113	0.0080	0.0120	0.0154	0.0093
2001	0.0099	0.0073	0.0106	0.0078	0.0113	0.0147	0.0083
2002	0.0093	0.0073	0.0097	0.0073	0.0107	0.0140	0.0078
2003	0.0088	0.0072	0.0088	0.0071	0.0104	0.0131	0.0073
2004	0.0083	0.0073	0.0082	0.0072	0.0098	0.0123	0.0069
2005	0.0079	0.0071	0.0075	0.0070	0.0091	0.0117	0.0067
2006	0.0072	0.0070	0.0072	0.0067	0.0086	0.0113	0.0063
2007	0.0069	0.0070	0.0068	0.0065	0.0082	0.0108	0.0060
2008	0.0065	0.0070	0.0066	0.0063	0.0078	0.0103	0.0057
2009	0.0062	0.0070	0.0061	0.0062	0.0073	0.0100	0.0055

续表

年份	河南	湖北	湖南	广东	贵州	甘肃
1995	0.0179	0.0179	0.0190	0.0175	0.0331	0.0207
1996	0.0168	0.0172	0.0184	0.0171	0.0311	0.0191
1997	0.0161	0.0163	0.0176	0.0171	0.0297	0.0182
1998	0.0156	0.0159	0.0167	0.0170	0.0280	0.0172
1999	0.0153	0.0153	0.0156	0.0171	0.0265	0.0166
2000	0.0151	0.0150	0.0150	0.0164	0.0267	0.0158
2001	0.0141	0.0139	0.0142	0.0159	0.0235	0.0145
2002	0.0131	0.0127	0.0132	0.0155	0.0222	0.0138
2003	0.0125	0.0116	0.0121	0.0147	0.0209	0.0132
2004	0.0118	0.0105	0.0112	0.0141	0.0198	0.0127
2005	0.0115	0.0097	0.0103	0.0129	0.0180	0.0119
2006	0.0113	0.0091	0.0099	0.0123	0.0165	0.0115
2007	0.0108	0.0087	0.0094	0.0118	0.0152	0.0108
2008	0.0102	0.0083	0.0090	0.0111	0.0141	0.0098
2009	0.0100	0.0079	0.0085	0.0112	0.0133	0.0092

注：人力资本回报与物质资本回报额之比＝人力资本回报/物资资本回报。

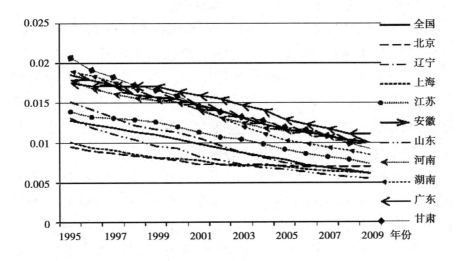

图 5.4.5　人力资本回报与物质资本回报之比的变动

　　仅从 2009 年的人力资本与物资资本回报差异就可以发现人力资本回报与物质资本回报存在巨大差异，我国分配制度是偏向于激励物质资本的，经济和产业发展方式更多地依靠物质资本。如果从 1995—2009 年人力资本与物质资本回报相对差异的变动来看，结果更为严重。

　　表 5.4.5 和图 5.4.5 可以看出，1995—2009 年，全国及代表性省份人力资本回报与物质回报之比持续下降。期间，全国整体上的人力资本回报最高水平只占到物质资本回报的 0.0128（1995 年），此后，这一比值持续大幅下降，2001 已经低于0.01，到 2009 年，各省的人力资本与物质资本回报之比趋近一致，几乎都下降到 0.01 以下，物质资本回报远远高于人力资本回报。这意味着，我国历年来的收入分配政策是更加偏向于物质资本，且这种偏向越来越严重。本书对物质资本回报的估算，是以现有物质资本收益 1995—2011 年的平均增长率为基础，如果我国的分配政策继续偏向于物质资本，从而导致物质资本收入增长率高于上述平均增长率，那么物质资本回报将会更高，人力资本与物质资本回报的比值将会进一步降低。

　　从各省份的情况看，与人力资本回报的省区分布情况类似，代表性省份在 1995—2005 年较为明显地被分为三个类。第一类是北京、上海两个城市，第二类是辽宁、山东、湖北等中等城市，其他城市被归为第三类。究其原因，除了人力资本回报地区分布提到的原因之外，可能与这些地区以重工业或物质资本密集型产业为主有关，因而有着更高的物质资本回报。

　　比较例外的是广东和贵州，广东省人力资本回报与物质资本回报的比例在全国各地区处于较高水平，这可能与该省的产业结构有关，广东省重工业较少，而电子加工产业、服装批零贸易等产业较多，因此，GDP 更多地被统计到人力资本收入范畴，造成了该省人力资本回报较高，同物质资本回报之比在各省中处于较高水平。贵州则与其物质资本回报水平较低有关，本书计算了各省区物质资本回报的分布情况和历年变化，发现贵州省物质资本回报非常小，历年来几乎没有提高，加上该省人力资本投资成本较低从而其人力资本回报率较高，进而在人力资本回报与物质资本回报的比值方面，贵州省反而处于全国前列，但这并不是该省本身的经济发展实力带来的。

（二）人力资本回报率与物质资本回报率之比的变动

人力资本回报率与物质资本回报率之比的变动更能体现两种资本回报的相对增速，本书计算了人力资本回报率与物质资本回报率之比的变动，见表 5.4.6 和图 5.4.6。

表 5.4.6　　　　人力资本回报率与物质资本回报率之比的变动

年份	全国	北京	辽宁	上海	江苏	安徽	山东
1995	0.0949	0.0557	0.1084	0.0911	0.1081	0.3183	0.1256
1996	0.0791	0.0512	0.0912	0.0847	0.0922	0.2558	0.0923
1997	0.0674	0.0459	0.0764	0.0755	0.0830	0.2110	0.0742
1998	0.0597	0.0412	0.0655	0.0666	0.0760	0.1773	0.0629
1999	0.0533	0.0373	0.0590	0.0575	0.0690	0.1609	0.0541
2000	0.0479	0.0332	0.0534	0.0515	0.0618	0.1520	0.0485
2001	0.0426	0.0294	0.0477	0.0464	0.0554	0.1421	0.0415
2002	0.0386	0.0275	0.0418	0.0407	0.0507	0.1350	0.0377
2003	0.0359	0.0262	0.0370	0.0378	0.0492	0.1302	0.0362
2004	0.0336	0.0258	0.0351	0.0359	0.0469	0.1246	0.0353
2005	0.0323	0.0239	0.0333	0.0335	0.0444	0.1194	0.0360
2006	0.0302	0.0229	0.0336	0.0309	0.0429	0.1152	0.0355
2007	0.0303	0.0232	0.0350	0.0304	0.0433	0.1145	0.0359
2008	0.0308	0.0230	0.0381	0.0297	0.0440	0.1127	0.0365
2009	0.0311	0.0225	0.0387	0.0289	0.0437	0.1103	0.0371

年份	河南	湖北	湖南	广东	贵州	甘肃
1995	0.1315	0.1374	0.1006	0.1846	0.2155	0.1177
1996	0.1055	0.1064	0.0811	0.1403	0.1531	0.0916
1997	0.0903	0.0858	0.0674	0.1148	0.1186	0.0760
1998	0.0810	0.0743	0.0577	0.1004	0.1000	0.0670

年份	河南	湖北	湖南	广东	贵州	甘肃
1999	0.0729	0.0648	0.0502	0.0914	0.0856	0.0609
2000	0.0662	0.0585	0.0458	0.0806	0.0803	0.0538
2001	0.0584	0.0513	0.0416	0.0730	0.0694	0.0469
2002	0.0519	0.0445	0.0379	0.0663	0.0639	0.0430
2003	0.0480	0.0392	0.0344	0.0603	0.0600	0.0403
2004	0.0449	0.0347	0.0322	0.0561	0.0563	0.0381
2005	0.0450	0.0317	0.0301	0.0507	0.0506	0.0350
2006	0.0458	0.0298	0.0294	0.0477	0.0464	0.0333
2007	0.0481	0.0298	0.0297	0.0472	0.0442	0.0315
2008	0.0503	0.0303	0.0308	0.0460	0.0425	0.0293
2009	0.0536	0.0312	0.0319	0.0476	0.0417	0.0285

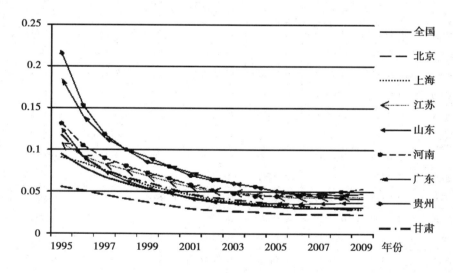

图 5.4.6　人力资本回报率与物质资本回报率之比的变动

从人力资本与物质资本回报率之比的变动来看，人力资本回报率相对物质资本回报率总体呈下降趋势，从全国整体数据看，这一比值基本都在 0.1 以下，2000 年前后下降到 0.05，此后一直呈下滑趋势，2005 年后，所有省市的这一比值基本都低于

0.05，2009 年稍微有上升趋势。综合图 5.4.5 和图 5.4.6 可知，人力资本回报不仅在回报额的增长上落后于物质资本回报，在回报率的增长上也在整体落后于物质资本。但就图 5.4.6 来看，从 2008 年到 2009 年，人力资本回报率与物质资本回报率之比的下滑趋缓，但这究竟是否是一种积极的信号，仅从一两年的情况是无法推断的。

第五节　关于本书估算方法中存在的误差的说明

在社会经济问题研究中，任何估算方法都或多或少地存在误差，本书的估算也不例外。本书采用差分回报法对我国人力资本和物资资本的宏观回报作出估算，估算结果中可能存在的误差主要来自两个方面：①估算人力资本投资成本所用基础数据的误差；②引用的未来收益法估算的人力资本总收入系统内的误差。

尽管存在以上两方面的主要误差，但本书的估算结果对于分析不同要素回报的相对差异，特别是分析要素回报差异的变动来说，是一种可行的方法。原因在于：

①基础数据的波动是可观察的，从而估算结果的波动也基本可解释，这样，误差对估算结果的阅读和运用所产生的影响相对而言可以减弱许多。钱雪亚（2011）详细解释了基础数据的误差来源，例如，人口统计显示，2005 年全国 6 岁以上人口的学历分布与 2004 年比较，表现为系统性的相对高学历比重下降而相对低学历比重上升：全国大专及以上比重下降 0.2065 个百分点，高中比重下降 0.9573 个百分点，初中比重下降 0.9470 个百分点，而小学和不识字的比重则分别上升 0.9051 个和 1.2057 个百分点，全国平均水平如此，绝大部分省市区也如此。2005 年这种 6 岁及以上人口中相对高学历比重全面系统下降的现象可能是一种异常的波动，这种异常波动有可能延续并导致估算结果的误差，但是只要可以追溯到波动基础数据，误差便易于解释，从

而减弱误差对估算结果的影响。

②由于我国现有统计部门并不提供细分组别的收入、人口等基础数据，李海峥（2010）基于有限的数据条件对人力资本终生收入的估算结果，相应地必然也存在误差，但是，在估算方法及理论依据等方面，李海峥（2010）的研究是相对成熟的，其研究成果已经形成一定的影响，并开始被部分国际组织所关注。同时，考虑到其稳定地运用相同的基础数据以相同的估算程序开展估算工作，因此，其估算误差在时间维度上是基本稳定的，在截面维度上应该是基本一致的。因此，运用李海峥（2010）的这一成果作为本书人力资本收入所产生的延伸误差相对来说也是基本连续和一致的，对本书就人力资本投资回报趋势观察、就人力资本投资回报在省市间比较观察而产生的影响一定程度上可以减弱。

基于以上原因，本书采用差分回报法计算人力资本投资回报的历年变动，用以分析我国历年来市场与政府对于收入分配政策的导向性、人力资本回报与 GDP 增长速度之间的关系、人力资本回报与物质资本回报的相对差异变动而言，是一种可行的方法。对于物质资本回报采用本书的方法进行估算则是一次创新性的尝试，本书基于官方公开、连续的宏观数据对基于收入法核算物资资本总收益及其回报进行了尝试，在可比性原则要求下，同人力资本宏观回报进行了比较研究，这对于研究人力资本与物质资本回报相对差异及其变化是必要的，也是可行的。

第六节 我国收入分配导向存在的主要问题

本章基于人力资本回报及其分布、人力资本回报与物质资本回报的比较，人力资本回报及其分布的变动、人力资本与物质资本回报相对差异的变动，对我国收入分配制度的激励导向作出分析。结果显示：

①从静态匹配层面看，我国人力资本回报的地区分布、层次分布是不均衡的，人力资本与物质资本回报的比值较低，物质资本相对人力资本获得更高的回报。地区分布上，北京和上海的人力资本回报水平和回报率都较低，这主要是因为统计方法造成的，因为这些地区的人力资本投资较高，而由于人力资本流动，在该地区创造的收入被统计到劳动力流出地。人力资本层次分布上，人力资本水平越高，回报也越高，这与人力资本理论的要求是相符的。人力资本与物质资本回报的相对差异方面，2009年人力资本回报只是同期物质资本回报的0.64%，这意味着，从静态角度看，我国2009年的收入分配更倾向于物质资本激励，经济发展跟多地依靠物质资本推动。

②从动态层面看，人力资本回报偏低问题更加严重。1995—2009年，人力资本回报虽有小幅度上升，但这主要是由于人力资本积累造成，并不是由于回报率提高导致的。实际上，从图5.4.2可以很明显地看出，我国人力资本回报率并没有什么变化，人力资本回报与GDP的比例更呈现持续下降趋势。各地区人力资本回报分布的变化同全国整体情况类似。在人力资本层次分布上，高学历人力资本（本书中代指异质性人力资本）回报比较平稳，2002—2009年只上涨7.6%，高中和中专则稍微下降，这说明，异质性人力资本回报虽然高于其他层次人力资本，但是从时间变动上看，收入分配并未表现出明显的激励倾向。在人力资本与物质资本回报的相对差异方面，1995—2009年，人力资本回报与物质资本回报大幅度持续下降，这一现象有着明显的政策含义：我国收入分配更倾向于激励物质资本，而不是人力资本，这说明我国目前的经济发展方式和产业发展方式仍然是主要依靠物质资本推动的。

随着经济增长源泉的演变，人力资本正逐渐成为推动增长的主导要素，在科学发展观的要求下，我国正在力图转变经济发展方式，从主要依靠资源投入推动的粗放型经济增长方式向依靠科技、人力资本的集约型经济发展方式转变，在这一过程中，人力资本将扮演最重要的角色，并将成为推动经济有效、持续发展的主要力量，因此，分配导向必须满足经济发展方式转变的要求，从激励物质资本积累转向激励人力资本积累，特别是异质性人力资本积累。这就要求收入分配必须提高人力资本回报，特别是提高人力资本与物质资本回报的比例，激励人力资本有效积累，从而在人力资本提升与产业结构优化的动态匹配中实现推动经济持续增长的目标要求。

第六章

中国要素收入分配导向的
改革方向

本书论证了收入分配应倾向于人力资本，特别是异质性人力资本积累，这是实现人力资本提升与产业结构优化互动匹配的基础。然而，人力资本私人投资决策是建立在当前投资回报的预期上，而我国目前人力资本回报相对较低，这必然无法激励劳动者进行人力资本投资和积累，无法形成人力资本与产业结构的互动匹配机制，从而也无法扭转中国要素收入分配失衡的基本格局。

本章在前文论述的基础上，指出中国要素收入分配导向所需突破的困境、改革的重点与方向，并有针对性地提出我国要素收入分配导向改革的相关对策建议。

第一节　改革亟待突破的困境

本书第四章论证了中国要素收入分配应导向于人力资本积累，特别是异质性人力资本积累，这是实现人力资本提升与产业结构优化互动匹配的基础，人力资本与产业结构的互动匹配则是推动我国收入分配导向改革的动力机制。然而经济现实是，我国目前并没有形成人力资本与产业结构的良性互动，产业层次目前仍处于价值链低端，所需人才以中低端为主，这势必造成收入分配上形成重资本轻劳动的局面，带来生产要素间收入分配失衡问题，正如本书第五章评价结果所示，人力资本收入显著低于物质资本收入，且人力资本与物质资本的相对收入差异在研究期间不断扩大。人力资本积累的动力是建立在劳动者当前投资回报预期的基础上，因此，劳动者没有进行人力资本积累的合理激励。人力资本投资回报预期较低，无法激励人力资本有效积累，从而也就无法形成人力资本提升与产业结构优化的互动匹配，这正是中国要素收入分配导向改革亟待突破的困境。

目前中国物质资本相对丰裕，人力资本特别是高端人力资本稀缺，急需高端人力资本要素推动产业升级，形成人力资本与产业结构的互动匹配。要从提高人力资本投资与积累路径上形成与产业结构的互动匹配，激励劳动者进行人力资本积累，关键在于让劳动者形成人力资本投资回报的合理预期。而在全社会形成高人力资本与高劳动生产率获得相对高收入的合理预期，这需要以相对自由开放的市场条件为基础，开放产业壁垒，打破行业垄断，鼓励敢于创新的民营资本和企业家入驻，让民营企业中的人力资本通过市场机制获得合理报酬，激励劳动者形成人力资本投资回报的合理预期，激励人力资本有效积累，从而推动产业结构优化，形成对高素质人力资本的需求，促进人力资本与产业结构的良性互动，推动要素间收入分配导向向合理化方向发展。

第二节　改革的重点方向

人力资本形成合理的投资回报预期，需要以人力资本有效积累为基础，以打破行业垄断为条件。中国要素收入分配导向改革的重点在于破除行业垄断，促进人力资本有效积累。

一　破除行业垄断

如上所述，本书认为，破除行业垄断是扭转人力资本投资回报预期的关键，也是实现人力资本提升与产业结构优化互动匹配的条件。

在"完全竞争市场"假设前提下，企业在利益驱动下可以自由进入或退出不同行业或产业，这将促使社会资源在不同产业之间得到优化配置，推动产业结构的演进，提升要素需要质量。但经济现实中，企业的市场进入与退出存在着大小不同的行业壁垒，特别是对民营资本的行业准入门槛较高。陈斌等（2008）统计发现，只有不到20%的民营企业进入了汽车、交通运输、能源、金融等垄断行业。诚然，从理论上讲，存在一定程度的进入门槛，可以阻止低效率的小企业进入市场，提高产业集中度，实现规模经济，但是过高的进入壁垒，则会导致与该产业内部厂商具有同样效率的外部厂商无法进入，这必将阻碍资源的合理流动和优化配置，人力资本要素亦不能发挥应有的作用，劳动生产率和劳动收入均得不到提高。

近年来，中国政府已出台文件，放宽非公有制经济市场准入，但垄断行业进入壁垒依然严重。中国社会科学院财经战略研究院发布的《中国经济体制改革报告2012》认为，当前中国垄断行业改革进展仍然缓慢，进入壁垒依然严重，尚未真正冲破传统体制的束缚。中国垄断行业的进入壁垒尤其体现在对民营经济的准入限制。改革开放以来，随着市场化改革和一系列国家及地方对民营企业支持政策的出台，某些政府管制的行业逐渐允许民营资本进入。不过，与民营经济在国民经济中占有重要地位不同的是，我国民营企业在多方面遭受着制度和政策上的"歧视"，而在市场准入方面的政策"歧视"尤为突出（罗党论、刘晓龙，2009）。黄孟复的《中国民营经济发展报告2010》资料显示，中国500强以国有企业为主，主要分布在自然垄断、行政垄断性较高的行业以及资金密集型行业，如石油加工、采矿，电力热力、航空等行业；而民营企业则主要分布在竞争性强和劳动密集型的行业，如批发零售、纺织业、建筑业、食品饮料等行业。

从各行业的人力资本要求程度看，准入程度较低的行业对人力资本要求普遍低于准入程度较高的行业，尤其是对人力资本水平要求较高的金融保险业，其行业垄断程度高，行业规模有限，从而对人力资本要素的有效需求也难以扩大，因此，民营资本所在的行业客观上更多地使用低端劳动力，限制劳动要素收入整体提升。

以"大学生就业难"为例，大学生代表人力资本积累水平较高的群体，尚且出现失业、无收入等问题，究其原因在于我国产业结构偏离实际人力资本结构，现实产业对高水平人力资本有效需求不足。其中一个重要的原因就在于行业垄断的存在，导致高端产业数量少，规模小，无法吸纳大学毕业生。

可见，在高端产业的进入壁垒未被打破的现实条件下，出现了垄断部门竞争主体数量有限，产业集中度偏高，产业规模有限的现象。产业开放程度不提高，其对专业技术人才和高端劳动者需求不足，进一步地，对人力资本要素的有效需求也难以扩大，收入难以提高，无法改变人力资本投资预期。这就无法突破要素收入分配导向改革的困境。

二　有效积累人力资本

在开放市场条件具备的基础上——破除垄断，开放产业壁垒，有效积累人力资本是实现人力资本提升与产业结构优化互动匹配的基础，也是中国要素收入分配导向改革的第二大重点内容。

首先，我国物质资本匮乏状况已经改善。人力资本与产业结构匹配的实质是人力资本与物质资本的匹配，而我国物质资本在一些领域和区域内已经较为丰裕，具实现价值链攀升、产业升级的基础和条件，需要有效的人力资本要素与之匹配，并引领物质资本和产业发展。

根据钱雪亚等（2011）的测算（如表 6.2.1 所示），1997—2007 年，中国食品烟草、纺织、服装皮革、木材家具等典型的劳动密集行业，要素结构没有发生明显的变化，甚至还出现了资本劳动要素比一定程度的下降，但对于设备制造、电子、电气、通

信及仪器仪表等行业，在 1997—2007 年这 10 年间，资本劳动要
素比已显著提升，并且这一提升过程正在持续进行。这说明，从
全国范围看，设备制造等部分行业已经初步积累了价值链攀升的
基础要素条件。因此，与之匹配的人力资本进行有效积累，是从
整体上改善要素禀赋，实现产业升级的关键。

表 6.2.1　中国制造业各部门最终产品消耗的资本要素与劳动要素之比

制造业部门	2007 年	2002 年	1997 年
食品制造及烟草加工业	0.20	0.26	0.20
纺织业	0.26	0.29	0.30
服装皮革羽绒及其他纤维制品制造	0.24	0.28	0.25
木材加工及家具制造业	0.25	0.31	0.28
造纸印刷及文教用品制造业	0.38	0.39	0.27
石油加工及炼焦业	0.48	0.64	0.70
化学工业	0.42	0.43	0.36
非金属矿物制品业	0.41	0.38	0.35
金属冶炼及压延加工业	0.47	0.41	0.42
金属制品业	0.43	0.38	0.37
通用、专用设备制造业	0.38	0.37	0.34

资料来源：钱雪亚：《转变经济发展方式下的劳动密集优势评价》，《统计研究》2011 第
3 期。

其次，人力资本要素有效积累是产业升级的关键。根据要素
禀赋论，产业结构升级本质上是要素结构的升级，要素结构高级
化是产业结构高级化的前提。

人力资本有效积累指的是与产业结构升级和产业发展所需的
人力资本要素相契合的人力资本，这可能来源于不同的方面。一
方面，可以通过学习、"干中学"等积累知识和经验，提高自身
素质，从而提高劳动生产率，提升人力资本层次，这也是最普遍
的人力资本积累模式，这种积累方式所需时间长，投资大，周期
长；另一方面，可以通过人力资本流动实现，如前所述，人力资
本异质性程度是相对的，同一个劳动者所具备的技能和学历，在

一国或地区可能属于简单劳动力，在其他国家或地区有可能属于熟练劳动力或高级人力资本，因此，劳动者可以通过流动或迁徙实现自身人力资本有效积累和匹配。在完全市场和零成本迁徙假设下，劳动力流动是快速实现人力资本增值和获取高收入的一种途径。

资本要素和技术要素容易在国际间流动，能够较快改变各国原有的要素结构（江小涓，2004，2006），然而，人力资本要素流动却相对较难。这是因为人力资本流动不仅涉及看得见的迁徙成本，如搬家，更涉及家庭关系、社会关系、工作关系、人脉关系等多种不宜迁移的隐形成本。高昂的隐形成本限制了劳动力素质的迁徙行为。经济发展与收入增长需要物质资本、技术水平、人力资本等要素之间进行结构性的匹配，只有各个要素间结构匹配，资源配置才可能实现最佳效率，而人力资本要素流动困难，由此构成了我国产业升级的瓶颈，从而也限制了人力资本主体收入的提升。

根据我国统计资料显示，以制造业为例，我国制造业职工平均人力资本水平仍较低，平均受教育年限仅为 10.65 年，初中和高中以下学历的职工构成了制造业劳动力队伍的主体军（分别占到 55% 和 34%），大专生的比重只有不到 8%，本科生和研究生加起来也不到 4%（都阳、曲玥，2009）。可见，从整体上讲，我国产业工人的人力资本水平亟待提高，这是制约我国制造业升级的重要因素。同时，在各行业、各领域进行人力资本有效积累是推动产业升级，促进人力资本提升与产业结构优化互动匹配，从而提高人力资本收入的关键途径之一。

第三节　改革的对策建议

本书论证了中国要素收入分配导向改革的重点方向在于打破行业垄断、有效积累人力资本。作为一个正在进行市场化改革的社会主义国家，政府干预的痕迹仍不可忽视，正如本书第二、第三章揭示的内容，分配激励导向的演变既有其内生机制作用，也有外生力量的推动，类似地，中国要素收入分配导向改革的重点内容需要相关配套政策共同作用，积极推动人力资本有效积累。

2013 年 2 月 5 日，国务院批转了发改委、财政部、人力资源和社会保障部《关于深化收入分配制度改革的若干意见》（以下简称《意见》），提出继续"完善劳动、资本、技术、管理等要素按贡献参与分配的初次分配机制"，并强调"完善高层次、高技能人才的激励机制"，这充分说明，我国已经意识到高层次、高技能人才对于实现分配优化与持续增长共赢的重要作用，并在政策上重视对高层次人力资本积累的激励。然而，制度的制定与制度的实际执行效果并不能完全等同，单独的分配政策难以起到激励人力资本积累的作用，必须实行配套措施，建立完善的制度环境。

一 打破行业垄断，鼓励民营资本入驻

我国要素分配结构失衡问题的形成很大一部分成因来源于行业垄断，由于行业垄断所导致的行业收入差距在我国普遍存在（陈钊、万广华和陆铭，2010）。岳希明、李实、史泰丽（2010）用 Oaxaca-Blinder 分解方法研究了垄断行业高收入问题，将垄断行业高收入分解为合理和不合理两个部分，实证分析发现，垄断行业与竞争行业之间收入差距的 50% 以上是不合理的，这主要是行政垄断造成的，并且作者认为这个数值是被低估的。颜鹏飞、唐铁昂（2002）认为有两种因素决定收入差距的动态过程：市场竞争因素和收入分配调节政策。前者是推动收入差距扩大的内在力量，但收入差距是否扩大则主要取决于后一种力量的作用，即政府实施的收入调节政策将成为主导收入差距变化的决定力量。

按大行业分类标准，2009 年我国工资最高的金融业的年平

均工资 60398 元是最低的农林牧渔业 14356 元的 4.2 倍，而 1995 年两者之比仅为 2.1 倍 。另据人力资源和社会保障部的统计，2010 年，电力、电信、金融、保险、烟草等行业职工的平均工资是其他行业职工平均工资的 2—3 倍，如果再加上住房、工资外收入和职工福利待遇上的差异，实际收入差距可能在 5—10 倍之间。电力、煤炭等行业需求价格弹性小，一旦形成垄断，该行业就可以凭借垄断势力获得垄断利润。同时，垄断时间越长，市场份额越大，获取垄断利润的机会也就越大，这势必导致垄断产业没有动力提升产品层次，导致阻碍产业升级。政府应降低垄断行业进入门槛，鼓励民营企业入驻，通过竞争提升垄断行业发展的动力，促进产业结构提升。

张维迎（2008）指出，如果政府仍在配置大量资源，而又让市场决定个人收入分配的话，结果一定是大量的资源价格以利润的形式变成了少数个人的收入，收入分配不可能真正的公平。政府对资源的控制，不仅损害了效率，而且也损害了公平。白重恩、钱震杰（2009）的研究也表明，减少垄断程度对增加劳动收入份额有积极意义。

在"完全竞争市场"假设前提下，企业在利益驱动下可以自由进入或退出不同行业或产业，这将促使社会资源在不同产业之间得到优化配置，推动产业结构的演进，提升要素需要质量。但经济现实中，企业的市场进入与退出存在着大小不同的行业壁垒，特别是对民营资本的行业准入门槛较高，陈斌等（2008）统计发现，只有不到 20% 的民营企业进入了汽车、交通运输、能源、金融等垄断行业。因此，收入分配导向改革的重要方向在于打破行业垄断，特别是目前对民间资本限制较多的交通运输、健康养老、教育、医疗等第三产业降低市场准入门槛，鼓励民营资本入驻。

二　找准供给侧改革着力点，发展现代服务业

本书在第三章梳理论证了产业政策对要素需求（针对劳动

需求）的影响机制，重工业优先发展战略降低了对劳动力需求的数量和质量，从而影响劳动者工资和劳动收入份额；而发展高端服务业则会提升对劳动力特别是高端人力资本的需求数量和质量，从而提高市场均衡工资水平，有利于提升劳动者收入份额。因此，大力发展现代服务业是提高人力资本需求，促进人力资本积累的重要产业途径，应该成为供给侧结构性改革的着力点。

自供给侧结构性改革提出以来，"去产能""去库存""去杠杆"等"三去"成为供给侧结构性改革的重要抓手。其中，"去产能"和"去库存"主要集中于重工业和"泡沫化"的房地产业，这将对普通劳动力就业造成一定程度的冲击（中国人民大学宏观经济分析与预测组，2016）；"去杠杆"则主要是将通过金融杠杆筹建的大量金融资本放归实体经济。服务业能吸收大量"去产能"和"去库存"游离出来的大量劳动力，成为吸纳就业的重要产业途径。

根据本书第四章的论述，大力发展交通运输、旅游、现代商贸、教育、健康养老、医疗等高端服务业，将提高市场对高端人力资本的需求，从而提高人力资本收入，促进人力资本积累与产业结构形成良好的互动匹配机制。这是全面提高劳动要素收入，平衡劳动与资本收入差异的重要产业途径，政府应鼓励和推动服务业和服务贸易高质量发展，将大力发展现代服务业作为重要的产业政策，并坚定落实和监督实施。

三　大力发展差异化教育，促进人力资本有效积累

本书国内外研究动态综述了人力资本水平差异与收入差异的相关研究，理论与实证研究结果均表明，教育公平将有利于改善收入不平等，教育水平高（以学历和经验为代表）的人力资本比简单劳动力获得更高的收入，如 Schultz（1960）、Becker 和 Chiswick（1966）、Mincer（1974）、Becker（1975）、Farre

（2000）、Gregorio 和 Lee（2002）、姚先国和李晓华（2007）、周明海和肖文（2010）等。因此，发展各类教育，促进人力积累，特别是异质性人力资本积累是提高劳动要素收入的根本途径，这也是本书第四章论证的落脚点。

异质性人力资本指的是具有"边际收益递增"特性的人力资本，其本质上是一种相对稀缺性，如本书第四章第三节论证，人力资本异质性程度有大小之分，随着知识更新和脑退化，人需要不断补充新鲜知识，进行人力资本积累，保持和提高自身异质性；同时，经济现实中，越高层次的人力资本无疑其数量是越少的，高层次的人力资本往往是更稀缺的人力资本，如具有特殊功能的"企业家人力资本""创新型人力资本"，以及具有专门技能的"高技术工人"，企业家和工人虽然是不同类型的人才，但同属于异质性人力资本，因此，政府需要发展各种不同类型的职业技术教育和普通高等教育，促进高等研究发展，在航空航天、智能制造、生物工程、新材料、海洋装备制造等不同领域促进人力资本积累，充分发挥异质性人力资本的边际收益递增性，平衡人力资本收入与物质资本收入差异。

四　废除制度性约束壁垒，消除人力资本流动限制

异质性人力资本的相对性除了层次上和类别上的差异，还体现在地域上的差异，在一国或地区属于简单技能的劳动力，流动到其他国家或地区可能恰恰是异质性劳动力。因此，促进人力资本零障碍流动是优化劳动资源配置结构、提高人力资本异质性，发挥边际收益递增从而提高人力资本收入的直接途径。

然而，由于历史、体制以及经济发展阶段等原因，我国目前的劳动力市场还不完善，劳动力市场存在分割，限制了人力资本流动的通畅。如户籍制度、人事档案制度、对流动人口就业领域的限制规定等，都阻碍了人力资本流动。目前我国虽放松了户籍

等制度管理①，但并没有从根本上剥离附着在户籍制度上的诸多非户籍功能，更没有赋予劳动者自由迁徙的权力。乔明睿等（2009）通过转换模型研究了我国劳动力市场分割问题，研究显示，我国虽然放松了户籍限制，但是劳动力市场依然存在二元分割，户籍是限制农村劳动者进入一级劳动力市场的重要因素之一，拥有城镇户口的劳动者在从事职业和工作单位上都具有明显优势，他们不仅几乎垄断了主要劳动力市场上的就业，而且在次要劳动力市场中也处于有利地位。可见，户籍影响依然存在，劳动力市场分割的状况也未得到根本性的改善。该文认为，户籍虽然只是一个符号，却有着丰富的含义，城镇户籍意味着可以享受更多的政策优惠，如果户籍改革只是将户籍差别名义上取消，那么仍然无法改变户籍导致的市场分割。

其他一些限制流动人口就业的制度性壁垒导致了人力资本流动的低层次，如北京市劳动局发布的《一九九八年本市允许和限制外地人员的行业、工种范围》中规定，外地人可以进入的12 个行业、198 个工种，基本都是脏、累、险的工作，如民政部门的尸体搬运工、尸体火化工、基地管理员，运输行业的危险品搬运工等。因此，必须废除诸如户籍制度等壁垒，优化人力资本流动环境，增强人力资本流动层次。

五　优化地区人才环境，吸引人才内流

人力资本要素的国际流动相对物质资本、技术管理要素流动要困难得多，这需要我国建设好国内软环境，吸引人才内流；同时，完善国内不同区域间人力资本流动环境，减少人才流动障碍。

众所周知，我国地区间的经济发展水平是不平衡的，各省市

---

①　目前，全国已有河北、辽宁、江苏、山东、重庆、广西等12 个省市区相继取消了农业户口和非农业户口，建立了城乡统一的一元户口登记制度。但从全国看，实行城乡一元户口登记制度的地区是少数，还有近三分之二的地区没有实行这一制度。

的经济环境、人文环境、制度环境存在很大差别，经济、制度环境差的省市地区对异质性人力资本缺乏吸引力，使人力资本不愿留在那里，而好的经济、制度环境又吸纳了过多的人力资本，使人力资本的报酬递减。虽然如此，由于各方面环境的影响，很多人还是不愿迁徙到落后地区、有利于发挥自身能力的地区。因此，经济发展水平低的省市应加大软环境建设力度，对异质性人力资本实行利益激励制度，优化人力资本引进环境，促进本地区人力资本结构的优化。一要提高异质性人力资本的经济地位，在工作还是谋生手段的社会主义初级阶段，经济利益在很大程度上还是激励人们学习和创造热情的强有力的手段，提高异质性人力资本的经济地位，对提高经济增长效率有着不可替代的作用。这要求政府在对机关事业单位的高层次人力资本进行体制内工资预算时，适度提高分配比重。二要提高异质性人力资本的社会地位，经济地位和社会地位都是人类追求的目标，知识和技术的社会地位得到社会认可和尊重是异质性人力资本进行创造的强大动力，因此，政府相关部门应加大宣传，在全社会范围内形成尊重知识、尊重人才的良好社会氛围，促进知识和人力资本积累，从而形成合理的人力层次结构，提高经济增长效率，转变经济发展方式。

六　关注不同层次人力资本之间的收入差异

要素收入分配的目标导向是人力资本，特别是异质性人力资本，因此，人力资本积累必然存在层次上的差异，这必然会导致人力资本内部收入差距。从我国目前的人力资本内部分配格局看，城乡间收入差距、城镇和农村的内部收入差距都在不断扩大，成为影响经济稳定的重要因素，根据张东生（2010）公布的资料，我国城镇居民人均可支配收入与农村居民人均纯收入之比，从1978年的2.37，上升到了2009年的3.33。此外，城镇居民最高10%收入组和最低10%收入组的户人均可支配收入之

比从 2000 年的 5.0 扩大到了 2009 年的 8.9，农村居民最高 20%
收入组和最低 20%收入组的户人均纯收入之比从 2000 年的 6.47
扩大到了 2009 年的 7.95。在收入差距扩大的原因中，一部分是
人力资本积累能力差异导致的，这需要依靠市场解决；另一部分
则是制度偏向性导致的，对于这部分原因导致的收入差异，政府
应特别予以关注，逐步打破制度性因素对人力资本积累的阻碍限
制，优化人力资本积累环境。对于有偏的技术冲击导致的对某一
类人力资本需求提高，会在短时间内扭转人力资本内部回报差
异，这必然导致其他人力资本回报短时间降低。对于这种现象，
政府应及时出台措施调整剧烈的回报变动，维持人力资本积累的
持续性。适时采用结构性减税等再分配措施，调节外部冲击造成
的人力资本回报短期偏离。

第七章

研究结论与需进一步研究的问题

第一节 研究结论

本书聚焦于初次分配领域中的要素分配，论证了收入分配制度的激励导向与产业特征的内在关联，并进一步论证了在知识经济背景和转变经济发展方式的要求下，收入分配制度的设计要谋求公平与效率的兼容，而人力资本提升与产业结构优化的动态匹配是实现这一目标导向的契合所在，并进一步地对我国现行的分配制度激励导向作出了客观评价。本书的主要研究结论有：

①在转变经济发展方式的要求下，要素分配的人力资本导向使收入分配的效率与公平实现兼容。关于收入分配中"公平"和"效率"之间的关系，学界多数赞成"冲突论"，认为效率和公平是不可兼得的，强调效率必然牺牲公平，反之亦然。本书则从经济发展方式转变入手，论证了在人力资本成为经济增长主导要素的前提下，分配的"公平"和"效率"可以兼容。

②人力资本分配导向实现的关键在于人力资本提升与产业结构优化的动态匹配。本书通过罗伯津斯基定理及其推论论证了要素结构升级与产业结构优化的动态匹配关系，指出人力资本、特别是异质性人力资本对产业结构提升具有先导作用，能有效推动产业结构升级，并在与产业结构提升的互动匹配中实现共同提升，促进经济长期增长，并进一步地通过文献实证数据印证了这

一观点。

③我国分配导向应转向人力资本，特别是异质性人力资本。人力资本有效积累是促进分配导向转变的落脚点，而人力资本积累的动力和能力则来源于人力资本回报。因此，要推动人力资本有效积累，必须以提高人力资本回报为前提，我国收入分配应更加注重激励人力资本，以人力资本激励为导向。

④无论从静态层面还是从动态层面的实证结果看，我国现有的要素分配是以物质资本为导向的，这主要是因为我国目前的增长方式还是粗放型的增长方式，产业发展层次较低，因而更多的是依靠物质资本投入推动的。要转变经济发展方式，改善经济结构、提升经济效益，必须转变分配导向，使收入分配侧重于激励人力资本，特别是异质性人力资本，从而有效促进要素结构升级和产业结构优化，实现要素合理回报与经济持续增长的共赢。

⑤由于我国目前人力资本相对回报过低，无法形成激励人力资本积累的动力和能力，从而也就无法实现人力资本提升与产业结构优化的互动匹配，这正是我国要素收入分配导向改革亟待突破的困境。本书认为，人力资本形成合理的投资回报预期，需要以人力资本有效积累为基础，以打破行业垄断为条件。中国要素收入分配导向改革的重点在于破除行业垄断，促进人力资本有效积累。具体措施可以从打破行业垄断、大力发展服务业、提倡差异化教育、优化人力资本流动环境、废除限制人力资本流动的制度性障碍、关注不同层次的人力资本收入差异等方面着手进行。

第二节 有待进一步研究的问题

本书有待进一步研究的问题如下：

①对人力资本回报进行分行业、分产业估算。不同行业或产业的要素密集度不同，对不同要素密集度的行业或产业的人力资本回报进行估算可以更为精确地观测人力资本供给与产业需求的

匹配情况，特别是人力资本密集型行业和物质资本密集型行业的回报差异。但是由于缺乏数据支撑，本书没有从宏观角度对不同行业、不同产业的人力资本回报进行估算，因而暂时无法判断人力资本密集型行业和物质资本密集型行业间人力资本回报的差异，但可以预见，无论哪个行业、产业，其人力资本回报与物质资本回报的比值都是十分微小的，人力资本密集型行业中的人力资本的相对回报应高于物质资本密集型行业的相对回报，但其变化趋势究竟如何，暂不得而知，这是需进一步研究的问题。

②寻找更精确表达人力资本异质性程度的变量。找到一个可以表达异质性人力资本边际收益递增特性的变量对于比较不同层次人力资本的回报差异是十分有意义的。然而，对于罗默提出来的异质性人力资本，目前学界的研究还停留在对其内涵的理解和应用上，对于如何用一个变量表达异质性人力资本，特别是如何计量人力资本的异质性程度，学界并没有找到很好的方法。从根本上讲，人力资本的异质性源于其稀缺性，而稀缺性本身就具有相对性，是一个随时间、空间而变化的概念，因而很难用一个可以精确度量的变量加以表达。由于异质性人力资本具有边际收益递增性，因此，目前我们可以做的工作，只是可以通过实际生产结果判断一类人力资本是否相对稀缺，而无法用一个统一并可计量的变量加以表示。这是今后可以开展进一步研究的方向，也是一个极富挑战性的课题。

附　　录

一　两种估算结果的比较

对于人力资本投资总成本的估算，本书前期工作较为粗糙，只是简单地将成本法估算的人力资本存量近似等于人力资本投资总额，将成本法估算的物质资本存量近似等于物质资本投资总额，忽视了投资数据经过永续盘存法的处理之后，所得存量数据是扣除了折旧，并且只考虑投资当期值的存量数量，这种方法反映的人力资本历史投资信息与本书应该反映的人力资本投资成本之间存在两方面偏差：一是原方法为了反映积累对过去投资作了折旧处理，而本书关注的只是过去投资，无须考虑折旧；二是原方法对各期历史投资按当期价值加总，而本书关注所有历史投资成本的现值。这两方面的差异导致了本书前期工作对人力资本和物质资本成本的低估。

本书第五章的实证已对上述问题作出纠正，根据历史投资成本的现值对人力资本和物质资本投资成本作出重新估计，并在此基础上进一步估算人力资本回报水平及其分布变动、回报率变动、人力资本与物质资本回报相对差异变动情况。附录部分对基于两种投资成本估算的人力资本回报结果进行了比较，发现尽管直接引用成本法存量结果作为投资成本与严格按照式（5.1）估算的投资成本，两者差异并不算太大，由此导致的人力资本回报水平、人力资本与物质资本回报相对差异并没有明显地变化，对其变动趋势的影响也是十分微弱的。

1. 投资成本两种估算结果差异比较

(1) 人力资本投资成本的两种估算结果差异

本书计算了按照历史投资现值估算的人力资本投资成本（见附表 2.1.1），并将其与成本法估算的人力资本存量作了比较，见附表 1.1.1。

附表 1.1.1　人力资本投资成本与成本法估算的人力资本存量之比

年份	全国	北京	辽宁	上海	江苏	安徽	山东	河南	湖北	湖南	广东	贵州	甘肃
1995	1.00	1.00	1.00	1.00	1.00	1.00	1.00	1.00	1.00	1.00	1.00	1.00	1.00
1996	1.36	0.89	1.26	1.23	1.70	1.55	2.55	1.29	1.10	1.17	2.76	1.11	1.26
1997	1.44	1.40	1.12	1.74	3.15	1.36	2.97	1.45	1.18	1.32	1.15	1.75	1.86
1998	1.79	1.35	1.72	1.89	2.60	2.23	3.14	1.54	1.55	1.74	1.56	2.59	2.29
1999	2.04	1.27	1.81	1.83	3.64	2.79	3.21	2.32	2.25	1.71	1.84	2.32	2.09
2000	1.68	1.10	1.67	1.16	1.73	2.67	1.54	1.86	1.56	1.76	1.00	5.24	2.20
2001	1.92	1.04	3.17	1.65	2.45	1.98	1.51	1.49	1.85	1.79	2.64	2.15	2.08
2002	2.14	5.40	2.84	1.53	3.40	3.06	1.52	1.69	4.13	1.95	2.04	2.40	2.66
2003	2.17	1.28	2.01	1.26	3.28	1.73	2.10	2.42	2.47	2.06	2.86	2.15	2.37
2004	2.36	1.17	2.58	1.33	3.44	2.42	2.33	2.22	2.52	2.19	2.59	2.83	2.31
2005	3.34	1.25	3.48	1.35	2.84	8.54	3.33	3.68	5.01	4.67	1.72	15.82	4.70
2006	3.19	1.14	3.02	1.29	2.99	5.37	2.79	4.28	3.42	4.48	1.92	13.88	6.20
2007	3.24	1.31	3.14	1.42	3.08	4.73	2.87	3.95	3.41	4.26	2.04	9.56	5.74
2008	3.31	1.50	3.26	1.57	3.19	4.34	2.96	3.74	3.41	4.12	2.15	7.60	5.32
2009	2.86	1.52	2.88	1.60	2.80	3.47	2.68	3.07	2.99	3.42	2.10	4.48	3.71

资料来源：根据钱雪亚（2011）使用的中间数据——人力资本投资，与永续盘存法估算的人力资本存量计算。

从附表 1.1.1 来看，两种方法估算的投资成本还是存在一定差异的，历史投资成本现值估算结果高于成本法估算的存量结果。这是必然的，一方面，存量数据不包含已经失去效率的投资部分，即扣除了折旧，而历史投资成本现值则不扣除这部分；另一方面，存量数据对应的是各期投资的历史成本，而现值成本则已经将各期历史投资的成本折现到报告期的时间价值。这两方面的差异必然导致历史投资成本现值结果大于存量结果。由于成本数据的变化，相应地对人力资本回报、回报率的估算结果，也会有一定程度的降低，但从方法上来讲，用历史投资成本现值比用存量数据作为成本，能更客观合理地反映人力资本投资成本，基于此估算的回报水平也更接近真实结果。

（2）物质资本投资成本的两种估算结果差异

类似地，本书计算了按物质资本历史投资现值估算的物质资本投资成本，并将其与成本法估算的物质资本存量作比较，见附表1.1.2。

附表 1.1.2　　物质资本投资成本与成本法估算的物质资本存量之比

年份	全国	北京	辽宁	上海	江苏	安徽	山东	河南	湖北	湖南	广东	贵州	甘肃
1995	1.00	1.00	1.00	1.00	1.00	1.00	1.00	1.00	1.00	1.00	1.00	1.00	1.00
1996	1.12	1.12	1.12	1.11	1.12	1.12	1.12	1.12	1.11	1.12	1.12	1.12	1.12
1997	1.22	1.22	1.24	1.22	1.22	1.22	1.23	1.22	1.22	1.23	1.23	1.23	1.23
1998	1.32	1.32	1.35	1.31	1.31	1.32	1.32	1.31	1.31	1.32	1.34	1.31	1.31
1999	1.40	1.41	1.45	1.41	1.40	1.41	1.40	1.40	1.39	1.41	1.43	1.39	1.39
2000	1.48	1.49	1.54	1.51	1.48	1.50	1.48	1.49	1.47	1.49	1.52	1.45	1.46
2001	1.55	1.56	1.62	1.60	1.56	1.57	1.55	1.56	1.54	1.55	1.60	1.48	1.52
2002	1.61	1.62	1.69	1.68	1.62	1.63	1.60	1.63	1.61	1.61	1.67	1.52	1.58
2003	1.65	1.66	1.73	1.76	1.63	1.66	1.60	1.67	1.67	1.66	1.71	1.55	1.62
2004	1.67	1.70	1.73	1.81	1.65	1.67	1.60	1.69	1.72	1.69	1.75	1.58	1.67
2005	1.68	1.74	1.71	1.86	1.66	1.67	1.60	1.68	1.76	1.70	1.78	1.62	1.70
2006	1.69	1.76	1.67	1.90	1.66	1.64	1.60	1.65	1.77	1.71	1.81	1.65	1.73
2007	1.42	1.46	1.45	1.63	1.43	1.43	1.34	1.44	1.62	1.40	1.50	1.46	1.57
2008	1.36	1.44	1.39	1.60	1.39	1.39	1.30	1.39	1.54	1.32	1.43	1.42	1.50
2009	1.32	1.4	1.35	1.58	1.38	1.36	1.28	1.37	1.46	1.27	1.39	1.40	1.42

从附表1.1.2来看，两种方法估算的物质资本投资成本还是存在一定差异的，历史投资成本现值估算结果是成本法估算结果的1.2—1.4倍，差异原因同人力资本投资成本差异相同。

2. 人力资本回报水平：两种结果比较

由于严格意义上的投资成本与基于成本法估算的成本数据存在一定差别，以这两种成本为基础估算的人力资本回报水平及其变动、回报率水平及其变动、人力资本回报与物质资本回报相对差异及其变动，从理论上讲，也会存在差异。本书比较了这种差异，并分析这种差异对人力资本回报变动趋势的影响。

以下基于两种投资成本对人力资本回报的比较，均是基于严格意义上投资成本的估算结果与基于成本法的估算结果之比。

（1）两种成本下的人力资本回报水平比较

附表 1.2.1　　　　　　　两种成本下人力资本回报水平之比

年份	全国	北京	辽宁	上海	江苏	安徽	山东	河南	湖北	湖南	广东	贵州	甘肃
1995	1.0000	1.0000	1.0000	1.0000	1.0000	1.0000	1.0000	1.0000	1.0000	1.0000	1.0000	1.0000	1.0000
1996	0.9956	1.0047	0.9960	0.9944	0.9952	0.9957	0.9935	0.9975	0.9988	0.9978	0.9929	0.9991	0.9967
1997	0.9937	0.9878	0.9974	0.9850	0.9906	0.9959	0.9908	0.9957	0.9974	0.9954	0.9982	0.9947	0.9906
1998	0.9897	0.9878	0.9889	0.9812	0.9906	0.9898	0.9889	0.9945	0.9930	0.9909	0.9945	0.9909	0.9869
1999	0.9871	0.9895	0.9876	0.9801	0.9882	0.9872	0.9872	0.9906	0.9878	0.9901	0.9926	0.9902	0.9865
2000	0.9887	0.9948	0.9882	0.9935	0.9925	0.9867	0.9928	0.9918	0.9913	0.9889	1.0000	0.9850	0.9844
2001	0.9855	0.9976	0.9787	0.9807	0.9887	0.9886	0.9921	0.9936	0.9877	0.9878	0.9884	0.9880	0.9830
2002	0.9829	0.9511	0.9783	0.9819	0.9859	0.9839	0.9914	0.9915	0.9779	0.9858	0.9901	0.9857	0.9785
2003	0.9816	0.9859	0.9814	0.9889	0.9855	0.9892	0.9859	0.9870	0.9808	0.9838	0.9866	0.9856	0.9789
2004	0.9786	0.9905	0.9758	0.9863	0.9840	0.9836	0.9834	0.9867	0.9782	0.9815	0.9865	0.9810	0.9779
2005	0.9728	0.9862	0.9697	0.9852	0.9843	0.9742	0.9791	0.9821	0.9694	0.9715	0.9900	0.9696	0.9674
2006	0.9713	0.9913	0.9707	0.9869	0.9830	0.9752	0.9799	0.9807	0.9717	0.9713	0.9881	0.9672	0.9642
2007	0.9698	0.9833	0.9690	0.9827	0.9821	0.9752	0.9789	0.9804	0.9710	0.9709	0.9872	0.9685	0.9621
2008	0.9681	0.9764	0.9679	0.9787	0.9810	0.9748	0.9776	0.9796	0.9700	0.9702	0.9860	0.9632	0.9585
2009	0.9680	0.9716	0.9857	0.9767	0.9807	0.9760	0.9777	0.9804	0.9707	0.9710	0.9865	0.9620	0.9579

从附表 1.2.1 来看，虽然两种方法估算的人力资本投资成本存在一定差异，但人力资本回报的差异并不大，两种成本基础上的人力资本回报估算结果基本接近。这主要是因为虽然成本上升了，但是相对于收入和回报总额，成本的这部分增加是微小的，

对人力资本回报水平影响不大。附图 1.2.1 是基于成本法数据估算的人力资本回报的变动，与图 5.4.1 相比，变动趋势是一致的。

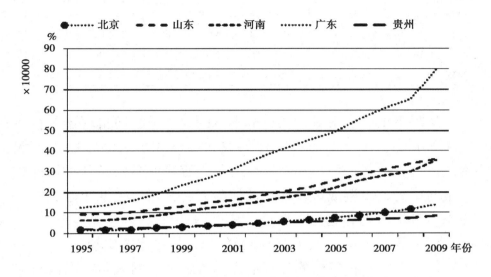

附图 1.2.1　存量数据为成本估算的人力资本回报变动

（2）两种成本下的人力资本回报率比较

将表 5.4.2 中的数据与基于存量数据为成本估算的人力资本回报率作比较，见附表 1.2.2。

附表 1.2.2　　　　　两种成本估算的人力资本回报率之比

年份	全国	北京	辽宁	上海	江苏	安徽	山东	河南	湖北	湖南	广东	贵州	甘肃
1995	1.00	1.00	1.00	1.00	1.00	1.00	1.00	1.00	1.00	1.00	1.00	1.00	1.00
1996	0.73	1.13	0.79	0.81	0.59	0.64	0.39	0.78	0.90	0.85	0.36	0.90	0.79
1997	0.69	0.70	0.89	0.57	0.31	0.73	0.33	0.69	0.85	0.75	0.87	0.57	0.53
1998	0.55	0.73	0.57	0.52	0.38	0.45	0.32	0.65	0.64	0.57	0.64	0.38	0.43
1999	0.48	0.78	0.55	0.53	0.27	0.35	0.31	0.43	0.44	0.58	0.54	0.43	0.47
2000	0.59	0.90	0.59	0.86	0.58	0.37	0.64	0.53	0.63	0.56	1.00	0.45	0.45
2001	0.51	0.96	0.31	0.60	0.40	0.50	0.66	0.67	0.53	0.55	0.37	0.46	0.47
2002	0.46	0.86	0.34	0.64	0.29	0.32	0.65	0.59	0.24	0.51	0.49	0.41	0.37
2003	0.45	0.77	0.49	0.79	0.30	0.57	0.47	0.41	0.40	0.48	0.35	0.46	0.41

续表

年份	全国	北京	辽宁	上海	江苏	安徽	山东	河南	湖北	湖南	广东	贵州	甘肃
2004	0.41	0.85	0.38	0.74	0.29	0.41	0.42	0.44	0.39	0.45	0.38	0.35	0.42
2005	0.29	0.79	0.28	0.73	0.35	0.11	0.29	0.27	0.19	0.21	0.58	0.30	0.21
2006	0.30	0.87	0.32	0.77	0.33	0.18	0.35	0.23	0.28	0.22	0.51	0.25	0.16
2007	0.30	0.75	0.31	0.69	0.32	0.21	0.34	0.25	0.29	0.23	0.48	0.18	0.17
2008	0.29	0.65	0.30	0.63	0.31	0.22	0.33	0.26	0.28	0.24	0.46	0.13	0.18
2009	0.29	0.57	0.69	0.57	0.30	0.24	2.65	0.28	0.29	0.24	0.44	0.12	0.19

从附表 1.2.2 来看，两种成本下的人力资本回报率还是存在较大差异的，由于历史投资现值成本大于成本法估算的投资成本，因而，前者的回报相对后者有很大程度的降低，基于降低的回报与提高的投资成本作估算的回报率，必然大大低于原本的回报率，且下降趋势更为明显。

（3）两种成本下人力资本回报与 GDP 之比的比较

以人力资本投资的累计现值为成本，估算的人力资本回报与 GDP 之比略小于以成本法估算的人力资本存量为投资成本，在此基础上估算人力资本回报与 GDP 之比，但两者相差不大，附表 1.2.3 给出了两者比值。

附表 1.2.3　　两种成本下人力资本回报与 GDP 之比的比较

年份	全国	北京	辽宁	上海	江苏	安徽	山东	河南	湖北	湖南	广东	贵州	甘肃
1995	1.00	1.00	1.00	1.00	1.00	1.00	1.00	1.00	1.00	1.00	1.00	1.00	1.00
1996	1.00	1.00	1.00	1.00	1.00	0.99	1.00	1.00	1.00	0.99	1.00	1.00	1.00
1997	0.99	0.99	1.00	0.98	0.99	1.00	0.99	1.00	1.00	1.00	1.00	0.99	0.99
1998	0.99	0.99	0.99	0.98	0.99	0.99	0.99	0.99	0.99	0.99	0.99	0.99	0.99
1999	0.99	0.99	0.99	0.98	0.99	0.99	0.99	0.99	0.99	0.99	0.99	0.99	0.99
2000	0.99	0.99	0.99	0.99	0.99	0.99	0.99	0.99	0.99	0.99	1.00	0.99	0.98
2001	0.99	1.00	0.98	0.98	0.99	0.99	0.99	0.99	0.99	0.99	0.99	0.99	0.98
2002	0.98	0.95	0.98	0.98	0.99	0.98	0.99	0.99	0.98	0.99	0.99	0.99	0.98
2003	0.98	0.99	0.98	0.99	0.99	0.99	0.99	0.99	0.98	0.98	0.99	0.99	0.98
2004	0.98	0.99	0.98	0.99	0.98	0.98	0.98	0.99	0.98	0.98	0.99	0.98	0.98

续表

年份	全国	北京	辽宁	上海	江苏	安徽	山东	河南	湖北	湖南	广东	贵州	甘肃
2005	0.97	0.99	0.97	0.99	0.98	0.97	0.98	0.98	0.97	0.97	0.99	0.97	0.97
2006	0.97	0.99	0.97	0.98	0.98	0.98	0.98	0.98	0.97	0.97	0.99	0.97	0.96
2007	0.97	0.98	0.97	0.98	0.98	0.98	0.98	0.98	0.97	0.97	0.99	0.97	0.96
2008	0.97	0.98	0.97	0.98	0.98	0.97	0.98	0.98	0.97	0.97	0.99	0.96	0.96
2009	0.97	0.97	0.99	0.98	0.98	0.98	0.98	0.98	0.97	0.97	0.99	0.96	0.96

从附表 1.2.3 可以看出，两个比值相差不大，这主要是因为成本变动相对回报而言，还是微小的，因而，回报率的变动趋势也是相似的。附图 1.2.2 是以成本法估算的人力资本存量作为投资数据而估算的人力资本回报率，同图 5.4.3 相比，显然，两种方法下的人力资本回报与 GDP 之比的变动趋势是相同的。

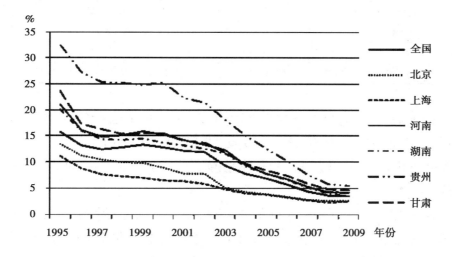

附图 1.2.2　存量数据为成本估算的人力资本回报与 GDP 之比的变动

（4）两种成本下人力资本回报与物质资本回报之比的比较

本书估算了以存量数据为成本估算的人力资本回报与物质资本回报之比的变动，见附表 1.2.4，并将以历史投资成本现值为成本数据估算的人力资本回报与物质资本回报之比（表 5.4.5）与之作比较，见附表 1.2.5。

附表 1.2.4　　　　　　存量数据为成本估算的人力资本回报
与物质资本回报之比

年份	全国	北京	辽宁	上海	江苏	安徽	山东	河南	湖北	湖南	广东	贵州	甘肃
1995	0.0128	0.0095	0.0151	0.0101	0.0139	0.0185	0.0131	0.0179	0.0179	0.019	0.0175	0.0331	0.0207
1996	0.0124	0.009	0.0143	0.0095	0.0133	0.0179	0.012	0.0168	0.0172	0.0184	0.0172	0.0312	0.0192
1997	0.0119	0.0088	0.0132	0.0092	0.0132	0.0172	0.0112	0.0161	0.0163	0.0177	0.0171	0.0298	0.0183
1998	0.0115	0.0085	0.0123	0.0088	0.013	0.0162	0.0105	0.0157	0.016	0.0168	0.0171	0.0282	0.0174
1999	0.0111	0.0082	0.0118	0.0083	0.0127	0.0159	0.0097	0.0154	0.0155	0.0158	0.0172	0.0268	0.0168
2000	0.0106	0.0078	0.0114	0.0081	0.0121	0.0156	0.0093	0.0152	0.0151	0.0152	0.0164	0.027	0.016
2001	0.01	0.0074	0.0108	0.008	0.0114	0.0149	0.0084	0.0142	0.0141	0.0144	0.0161	0.0238	0.0147
2002	0.0095	0.0076	0.0099	0.0074	0.0109	0.0142	0.0079	0.0133	0.013	0.0134	0.0156	0.0225	0.0141
2003	0.009	0.0073	0.009	0.0072	0.0105	0.0133	0.0074	0.0127	0.0118	0.0123	0.0149	0.0212	0.0135
2004	0.0084	0.0074	0.0084	0.0072	0.01	0.0125	0.007	0.0119	0.0107	0.0114	0.0143	0.0201	0.013
2005	0.0081	0.0072	0.0078	0.0071	0.0093	0.012	0.0068	0.0117	0.01	0.0106	0.0131	0.0185	0.0123
2006	0.0074	0.0071	0.0074	0.0068	0.0087	0.0116	0.0064	0.0115	0.0094	0.0102	0.0125	0.0171	0.012
2007	0.0071	0.0071	0.007	0.0066	0.0083	0.0111	0.0061	0.011	0.0089	0.0097	0.012	0.0158	0.0112
2008	0.0067	0.0072	0.0068	0.0065	0.0079	0.0106	0.0058	0.0105	0.0085	0.0093	0.0113	0.0146	0.0102
2009	0.0064	0.0072	0.0062	0.0064	0.0075	0.0103	0.0052	0.0102	0.0082	0.0088	0.0114	0.0138	0.0096

　　将附表 1.2.4 的内容描绘成图形，可以明显地看到人力资本回报与物质资本回报之比的变动趋势，见附图 1.2.3。同图 5.4.5相比，可以发现，两种估算结果的变动趋势是基本一致的。

　　很显然，尽管在具体数值上存在微小差别，附图 1.2.4 同图 5.4.5的变动趋势是极为一致的。两种成本下估算的人力资本回报与物质资本回报之比在 1995—2009 年大幅下降。人力资本回报的增幅和增速在一定程度上落后于物质资本回报的增幅和增速。

　　将表 5.4.5 与附表 1.2.4 作比较，可以发现，两种成本下的人力资本回报与物质资本回报之比是十分相近的，几乎没有差异。将表 5.4.5 与附表 1.2.4 的相应数值做比值，两个结果的相近性更为明显，见附表 1.2.5。

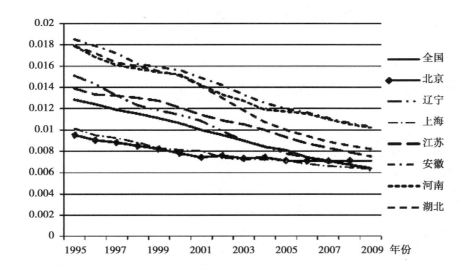

图 1.2.3　人力资本与物质资本回报相对差异变动：以存量数据为成本

附表 1.2.5　　两种成本基础上人力资本回报与物质资本回报之比的比较

年份	全国	北京	辽宁	上海	江苏	安徽	山东	河南	湖北	湖南	广东	贵州	甘肃
1995	1.00	1.00	1.00	1.00	1.00	1.00	1.00	1.00	1.00	1.00	1.00	1.00	1.00
1996	0.99	1.00	0.99	0.99	0.99	0.99	0.99	1.00	1.00	1.00	0.99	1.00	0.99
1997	1.00	0.99	1.00	0.99	0.99	1.00	0.99	1.00	1.00	0.99	1.00	1.00	0.99
1998	0.99	0.99	0.99	0.98	0.99	0.99	0.99	0.99	0.99	0.99	0.99	0.99	0.99
1999	0.99	0.99	0.99	0.99	0.99	0.99	0.99	0.99	0.99	0.99	0.99	0.99	0.99
2000	0.99	1.00	0.99	0.99	0.99	0.99	1.00	0.99	0.99	0.99	1.00	0.99	0.99
2001	0.99	0.99	0.98	0.98	0.99	0.99	0.99	0.99	0.99	0.99	0.99	0.99	0.99
2002	0.98	0.96	0.98	0.98	0.99	0.99	0.99	0.99	0.98	0.99	0.99	0.99	0.98
2003	0.98	0.99	0.98	0.99	0.99	0.99	0.99	0.98	0.98	0.98	0.99	0.99	0.98
2004	0.99	0.99	0.98	1.00	0.99	0.99	0.99	0.99	0.99	0.98	0.99	0.99	0.98
2005	0.98	0.99	0.96	0.99	0.98	0.98	0.99	0.98	0.97	0.97	0.98	0.97	0.97
2006	0.97	0.99	0.97	0.98	0.99	0.97	0.98	0.98	0.97	0.97	0.98	0.96	0.96
2007	0.97	1.00	0.97	0.98	0.99	0.97	0.98	0.99	0.98	0.98	0.98	0.97	0.96
2008	0.97	0.99	0.97	0.98	0.99	0.98	0.98	0.98	0.97	0.99	0.99	0.99	0.97
2009	0.97	0.99	0.98	0.98	0.97	0.98	1.06	0.98	0.98	0.98	0.99	0.97	0.97

二　物质资本回报估算中的数据

1. 物质资本投资总成本

附表 2.1.1　　　　物质资本投资总成本（1995—2009 年）　　　单位：亿元

年份	1995	1996	1997	1998	1999	2000	2001	2002
全国	83195	105979	130300	158056	187345	219287	255253	297212
北京	3304	4152	5070	6106	7186	8354	9727	11350
天津	1796	2237	2737	3313	3900	4522	5242	6071
河北	3769	4943	6337	7929	9710	11518	13423	15446
山西	1793	2099	2464	2910	3380	3909	4540	5308
内蒙古	1290	1546	1820	2126	2456	2850	3315	3962
辽宁	4604	5494	6467	7513	8619	9859	11243	12795
吉林	1678	2042	2389	2800	3266	3817	4452	5197
黑龙江	2699	3266	3916	4658	5385	6178	7094	8087
上海	5730	7657	9559	11478	13323	15182	17162	19342
江苏	6950	8912	11103	13612	16155	18803	21688	25156
浙江	5293	6934	8580	10469	12559	15061	18066	21735
安徽	2209	2817	3484	4196	4894	5678	6555	7597
福建	2492	3260	4118	5165	6260	7381	8568	9841
江西	1362	1672	1988	2365	2799	3286	3887	4734
山东	6295	7824	9560	11505	13744	16237	18945	22291
河南	3579	4611	5778	7038	8242	9577	11068	12756
湖北	2992	3919	4914	6032	7235	8514	9933	11467
湖南	2438	3110	3755	4504	5331	6257	7318	8531
广东	10095	12438	14672	17256	20137	23189	26564	30304
广西	1692	2167	2643	3202	3800	4395	5050	5798
海南	829	1009	1166	1336	1527	1719	1924	2144
重庆	—	—	366	853	1370	1919	2582	3432
四川	4179	5274	6166	7298	8501	9882	11434	13251
贵州	779	968	1183	1451	1754	2131	2638	3236
云南	1643	2095	2600	3209	3816	4432	5091	5818
西藏	149	178	212	252	305	367	447	550

续表

年份	1995	1996	1997	1998	1999	2000	2001	2002
陕西	1563	1892	2250	2712	3230	3786	4422	5159
甘肃	831	1035	1267	1554	1890	2252	2665	3136
青海	345	422	508	615	730	876	1065	1281
宁夏	330	399	480	578	696	835	1002	1198
新疆	1582	1961	2384	2862	3355	3908	4531	5236

年份	2003	2004	2005	2006	2007	2008	2009
全国	349655	412644	490736	586069	703557	850392	1035117
北京	13268	15411	17790	20554	23840	27061	30890
天津	7111	8273	9651	11317	13464	16560	20765
河北	17871	20815	24530	29358	35338	42918	53143
山西	6320	7580	9129	11012	13374	16236	20142
内蒙古	5008	6525	8687	11350	14677	18813	24146
辽宁	14754	17437	21115	25995	32199	40492	50517
吉林	6053	7045	8493	10605	13490	17453	22395
黑龙江	9170	10434	11936	13830	16179	19169	23148
上海	21745	24494	27632	31115	35059	39482	44017
江苏	30198	35973	43100	51786	62283	75272	90815
浙江	26567	32131	38388	45564	53501	62142	71670
安徽	8927	10637	12846	15879	20208	25875	33005
福建	11339	13173	15401	18213	22161	26976	32531
江西	5915	7360	9187	11370	13975	17686	22509
山东	27254	33313	41176	50396	60586	73057	87930
河南	14888	17541	21180	26085	32642	41101	51967
湖北	13142	15120	17406	20212	23803	28395	34568
湖南	9924	11645	13751	16219	19342	23485	28967
广东	34879	40122	46257	53218	61277	70672	81664
广西	6700	7857	9391	11396	14048	17414	22018
海南	2410	2694	3020	3392	3830	4442	5277
重庆	4498	5841	7492	9514	12112	15394	19518
四川	15434	17899	20918	24528	28991	34554	43170
贵州	3927	4688	5554	6582	7841	9413	11435
云南	6690	7734	9107	10783	12852	15395	18614

年份	2003	2004	2005	2006	2007	2008	2009
西藏	676	822	981	1181	1413	1676	1987
陕西	6111	7254	8630	10398	12748	15893	20130
甘肃	3681	4294	5004	5806	6786	8016	9699
青海	1515	1773	2060	2408	2808	3284	3921
宁夏	1466	1769	2119	2507	2969	3592	4401
新疆	6065	7000	8062	9278	10683	12365	14354

注：表中数据以 1995 年价为基础。

附表 2.1.2   永续盘存法估算的物质资本存量（1995—2009 年）   单位：亿元

年份	1995	1996	1997	1998	1999	2000	2001	2002
全国	83195	94886	106606	120191	133564	147838	164230	184382
北京	3304	3713	4140	4626	5095	5591	6223	7019
天津	1796	1999	2234	2513	2768	3025	3345	3731
河北	3769	4436	5234	6123	7084	7952	8805	9665
山西	1793	1866	1986	2171	2355	2574	2863	3251
内蒙古	1290	1377	1471	1583	1706	1875	2091	2457
辽宁	4604	4891	5223	5584	5959	6416	6956	7592
吉林	1678	1821	1930	2087	2278	2528	2827	3196
黑龙江	2699	2911	3178	3500	3767	4065	4445	4853
上海	5730	6882	7866	8743	9439	10062	10724	11497
江苏	6950	7983	9110	10404	11569	12690	13901	15525
浙江	5293	6222	7040	7992	9020	10318	11942	14006
安徽	2209	2522	2854	3187	3465	3793	4168	4658
福建	2492	2925	3392	3983	4547	5065	5583	6119
江西	1362	1492	1612	1777	1975	2200	2508	3015
山东	6295	6991	7800	8710	9793	10985	12238	13953
河南	3579	4132	4747	5376	5871	6432	7073	7825
湖北	2992	3517	4041	4620	5210	5799	6449	7131
湖南	2438	2785	3062	3406	3782	4207	4709	5297
广东	10095	11105	11883	12903	14083	15282	16643	18189
广西	1692	1941	2160	2432	2708	2946	3213	3537
海南	829	900	940	987	1049	1103	1164	1233

续表

年份	1995	1996	1997	1998	1999	2000	2001	2002
重庆	—	—	1774	2024	2272	2520	2848	3316
四川	4179	4719	3578	4228	4866	5597	6402	7363
贵州	779	865	965	1105	1260	1468	1777	2134
云南	1643	1875	2131	2455	2737	2992	3257	3554
西藏	149	159	171	189	216	250	296	359
陕西	1563	1687	1822	2042	2290	2543	2841	3201
甘肃	831	925	1034	1184	1361	1542	1750	1988
青海	345	377	413	465	518	595	704	826
宁夏	330	356	389	436	496	569	659	767
新疆	1582	1752	1943	2163	2371	2610	2888	3211

年份	2003	2004	2005	2006	2007	2008	2009
全国	212182	246730	291603	347583	496649	626125	785456
北京	8001	9078	10251	11649	16295	18839	22039
天津	4273	4865	5593	6509	9156	12026	16227
河北	10808	12311	14375	17259	24343	30970	39830
山西	3825	4569	5499	6638	8764	10880	13714
内蒙古	3164	4239	5806	7662	11904	15805	20702
辽宁	8542	10075	12382	15566	22144	29115	37457
吉林	3626	4135	5022	6442	10297	14521	19488
黑龙江	5295	5859	6584	7597	9732	11886	14778
上海	12390	13506	14860	16380	21486	24741	27850
江苏	18473	21764	25954	31130	43687	54213	65900
浙江	16940	20217	23757	27745	35677	41350	47266
安徽	5365	6352	7700	9679	14111	18662	24351
福建	6807	7734	8927	10538	16486	21282	26325
江西	3783	4712	5894	7274	10987	14607	19329
山东	17020	20767	25795	31510	45188	56253	68753
河南	8915	10372	12604	15785	22633	29600	37964
湖北	7863	8798	9915	11396	14738	18455	23652
湖南	5985	6905	8085	9467	13864	17810	22771
广东	20351	22891	25978	29480	40764	49326	58874
广西	3969	4595	5507	6763	10140	13309	18152

续表

年份	2003	2004	2005	2006	2007	2008	2009
海南	1336	1445	1580	1744	2187	2651	3272
重庆	3936	4746	5753	6994	10854	14113	18072
四川	8559	9880	11571	13626	21323	28041	38520
贵州	2537	2958	3428	3996	5356	6619	8196
云南	3956	4473	5246	6215	8898	11220	14037
西藏	437	523	612	730	1023	1233	1480
陕西	3723	4367	5155	6224	10291	14070	18812
甘肃	2268	2578	2945	3354	4315	5348	6841
青海	949	1080	1224	1408	1935	2348	2915
宁夏	932	1109	1309	1522	2069	2650	3369
新疆	3613	4068	4589	5194	6700	8036	9549

注：表中数据以 1995 年价为基础。

2. 物质资本总收入

附表 2.2.1　　　物质资本未来总收入（1995—2009 年）　　　单位：亿元

年份	1995	1996	1997	1998	1999	2000	2001	2002
全国	71907302	79697792	93052910	112583400	137036527	163805055	195213893	236157752
北京	1991998	2207434	2576971	3117470	3794209	4534990	5404181	6537272
天津	1799316	1994861	2329733	2819304	3432259	4103311	4890696	5917063
河北	3173996	3517005	4105515	4966357	6044191	7224000	8608318	10412956
山西	1651474	1830660	2137685	2586614	3148690	3764013	4486004	5427154
内蒙古	2102993	2332070	2724063	3297017	4014360	4799744	5721287	6922486
辽宁	2735869	3031462	3538659	4280576	5209509	6226322	7419390	8974716
吉林	1689399	1873175	2187791	2647708	3223531	3853948	4593657	5557861
黑龙江	2047157	2268444	2648083	3203385	3898660	4659721	5552706	6716824
上海	2725735	3019373	3523710	4261650	5185621	6196920	7383508	8930459
江苏	7445036	8252566	9636368	11659815	14193251	16966660	20220849	24462858
浙江	4856491	5382035	6283319	7601500	9251939	11058595	13178428	15941845
安徽	2022337	2241646	2617484	3167060	3855151	4608416	5492261	6644404
福建	2286454	2533472	2957332	3577350	4353657	5203404	6200446	7500227
江西	1602747	1776895	2075145	2511184	3057117	3654790	4356076	5270214

续表

年份	1995	1996	1997	1998	1999	2000	2001	2002
山东	7101879	7870895	9189442	11117778	13532157	16175108	19276209	23318769
河南	3540153	3923988	4581823	5543770	6748168	8066635	9613662	11630306
湖北	2627777	2912818	3401261	4115476	5009701	5988631	7137262	8634562
湖南	2313825	2564945	2995186	3624263	4411890	5274137	6285860	7604681
广东	7123367	7893510	9214678	11147133	13566693	16215202	19322810	23373953
广西	1198745	1328623	1551268	1876863	2284523	2730783	3254403	3936982
海南	283696	314379	367008	443986	540366	645868	769658	931032
重庆	1253674	1389996	1623405	1964623	2391834	2859544	3408337	4123689
四川	2933868	3252302	3797858	4595539	5594264	6687610	7970494	9642784
贵州	619032	686197	801279	969553	1180237	1410880	1681506	2034280
云南	979467	1085393	1267090	1532848	1865594	2229828	2657200	3214329
西藏	60454	66979	78178	94563	115077	137532	163878	198226
陕西	1856644	2058829	2404838	2910594	3543803	4237069	5050523	6110837
甘肃	630249	698539	815603	986794	1201134	1435771	1711081	2069969
青海	217053	240647	281048	340113	414063	495023	590018	713844
宁夏	273130	302876	353781	428188	521345	623338	743013	899005
新疆	763287	845777	987307	1194328	1453533	1737262	2070172	2504164

年份	2003	2004	2005	2006	2007	2008	2009
全国	280037899	323437040	381263314	450751882	516255070	585174654	707140616
北京	7751583	8952536	10552781	12475773	14288422	16195602	19570884
天津	7017097	8105148	9554802	11296800	12938975	14666814	17724269
河北	12346927	14259590	16808217	19870873	22757753	25795182	31170868
山西	6435825	7433472	8762724	10360048	11865798	13450089	16253664
内蒙古	8209955	9483466	11180129	13218932	15140981	17163305	20741617
辽宁	10641499	12289909	14486430	17125967	19614002	22231785	26864808
吉林	6591289	7613482	8975362	10611879	12154643	13777889	16650185
黑龙江	7964375	9198188	10842237	12817871	14680125	16639495	20107192
上海	10588181	12227521	14412095	17037303	19511708	22115132	26723131
江苏	29009176	33505776	39497025	46696549	53483291	60624025	73260452
浙江	18903380	21832374	25735149	30425047	34845878	39497269	47729045
安徽	7879194	9100474	10727711	12683118	14526407	16465839	19897929
福建	8893150	10270717	12106340	14312191	16391429	18579096	22450896

续表

年份	2003	2004	2005	2006	2007	2008	2009
江西	6249960	7219030	8510165	10061678	11524279	13063175	15786307
山东	27651200	31936089	37645465	44506309	50973606	57778202	69820381
河南	13791603	15929246	18777455	22200077	25426443	28821090	34828414
湖北	10239276	11826443	13941175	16482391	18877909	21398377	25858653
湖南	9018126	10416132	12278806	14517126	16627134	18847202	22775823
广东	27715462	32009178	37730510	44605759	51086463	57905138	69972779
广西	4668513	5392025	6356053	7514504	8606515	9755482	11788788
海南	1103974	1275013	1502919	1776791	2034948	2306568	2787274
重庆	4890394	5648756	6659140	7873280	9017856	10222141	12353119
四川	11435060	13207762	15569669	18407902	21083437	23898530	28880096
贵州	2412363	2786313	3284560	3883289	4447694	5041537	6092409
云南	3811393	4401888	5188711	6134226	7025485	7963225	9622815
西藏	235033	271435	319941	378230	433173	490981	593294
陕西	7247296	8371427	9869085	11668755	13365356	15150469	18309086
甘肃	2454596	2835007	3341876	3950970	4525132	5129240	6198317
青海	846559	977829	1152724	1362889	1561012	1769470	2138339
宁夏	1066200	1231582	1451917	1716683	1966287	2228912	2693605
新疆	2969260	3429231	4042143	4778672	5472930	6203393	7496176

3. 物质资本宏观回报

附表 2.3.1　　　物质资本宏观回报水平（1）（1995—2009 年）　　　单位：亿元

年份	1995	1996	1997	1998	1999	2000	2001	2002
全国	71824107	79591813	92922609	112425343	136849182	163585768	194958640	235860540
北京	1988694	2203283	2571900	3111364	3787023	4526636	5394455	6525922
天津	1797521	1992624	2326996	2815991	3428359	4098789	4885454	5910992
河北	3170228	3512062	4099178	4958428	6034481	7212482	8594894	10397511
山西	1649681	1828561	2135221	2583704	3145310	3760104	4481465	5421846
内蒙古	2101703	2330523	2722242	3294891	4011903	4796893	5717972	6918524
辽宁	2731266	3025968	3532192	4273063	5200890	6216463	7408147	8961920
吉林	1687720	1871133	2185402	2644908	3220265	3850131	4589205	5552665

续表

年份	1995	1996	1997	1998	1999	2000	2001	2002
黑龙江	2044459	2265179	2644166	3198726	3893276	4653544	5545612	6708737
上海	2720005	3011716	3514151	4250173	5172298	6181737	7366346	8911117
江苏	7438086	8243654	9625265	11646203	14177096	16947857	20199160	24437702
浙江	4851198	5375101	6274739	7591031	9239380	11043535	13160361	15920111
安徽	2020128	2238829	2613999	3162864	3850257	4602737	5485706	6636807
福建	2283962	2530212	2953214	3572185	4347397	5196023	6191878	7490386
江西	1601384	1775224	2073157	2508819	3054317	3651505	4352189	5265480
山东	7095584	7863071	9179881	11106273	13518413	16158872	19257264	23296478
河南	3536574	3919377	4576046	5536732	6739926	8057058	9602594	11617550
湖北	2624785	2908899	3396347	4109444	5002466	5980117	7127329	8623095
湖南	2311387	2561835	2991431	3619759	4406559	5267880	6278542	7596150
广东	7113273	7881072	9200006	11129877	13546556	16192013	19296246	23343649
广西	1197052	1326456	1548625	1873661	2280723	2726389	3249353	3931184
海南	282867	313370	365841	442650	538839	644150	767734	928888
重庆	1253674	1389996	1623039	1963769	2390464	2857625	3405755	4120258
四川	2929689	3247028	3791691	4588241	5585763	6677728	7959059	9629532
贵州	618253	685229	800097	968101	1178483	1408749	1678868	2031044
云南	977824	1083299	1264490	1529639	1861777	2225396	2652109	3208511
西藏	60305	66800	77966	94310	114772	137165	163431	197675
陕西	1855081	2056937	2402588	2907882	3540573	4233282	5046101	6105678
甘肃	629417	697504	814336	985240	1199244	1433519	1708416	2066833
青海	216708	240225	280541	339498	413333	494147	588953	712563
宁夏	272800	302478	353302	427610	520649	622502	742011	897807
新疆	761705	843816	984923	1191466	1450178	1733354	2065642	2498929

年份	2003	2004	2005	2006	2007	2008	2009
全 国	279688244	323024396	380772578	450165813	515551513	584324262	706105499
北京	7738315	8937125	10534991	12455219	14264582	16168542	19539994
天津	7009986	8096875	9545151	11285483	12925511	14650254	17703504
河北	12329057	14238775	16783686	19841515	22722415	25752263	31117726
山西	6429505	7425892	8753595	10349035	11852424	13433853	16233522
内蒙古	8204947	9476941	11171441	13207582	15126304	17144492	20717471
辽宁	10626745	12272473	14465315	17099972	19581803	22191293	26814291

续表

年份	2003	2004	2005	2006	2007	2008	2009
吉林	6585236	7606438	8966869	10601274	12141153	13760437	16627789
黑龙江	7955206	9187754	10830301	12804041	14663946	16620325	20084043
上海	10566436	12203027	14384463	17006188	19476649	22075649	26679114
江苏	28978979	33469803	39453925	46644763	53421008	60548753	73169638
浙江	18876813	21800243	25696761	30379483	34792377	39435127	47657376
安徽	7870267	9089838	10714865	12667239	14506199	16439964	19864923
福建	8881811	10257545	12090940	14293978	16369268	18552120	22418365
江西	6244045	7211670	8500978	10050308	11510304	13045489	15763798
山东	27623947	31902776	37604289	44455913	50913019	57705145	69732450
河南	13776715	15911705	18756275	22173992	25393801	28779990	34776447
湖北	10226134	11811324	13923769	16462178	18854106	21369982	25824085
湖南	9008202	10404488	12265055	14500906	16607792	18823717	22746857
广东	27680584	31969056	37684253	44552541	51025186	57834467	69891115
广西	4661813	5384168	6346662	7503108	8592467	9738068	11766770
海南	1101564	1272319	1499899	1773399	2031117	2302126	2781997
重庆	4885895	5642915	6651647	7863766	9005744	10206747	12333601
四川	11419626	13189863	15548751	18383374	21054446	23863976	28836927
贵州	2408436	2781625	3279006	3876707	4439852	5032124	6080974
云南	3804702	4394154	5179604	6123443	7012633	7947829	9604201
西藏	234357	270613	318960	377049	431760	489305	591307
陕西	7241185	8364173	9860455	11658357	13352608	15134575	18288956
甘肃	2450914	2830713	3336872	3945164	4518346	5121224	6188618
青海	845044	976057	1150664	1360482	1558204	1766186	2134418
宁夏	1064734	1229813	1449798	1714176	1963318	2225320	2689204
新疆	2963195	3422231	4034081	4769395	5462247	6191028	7481822

注：附表2.3.1根据附表2.2.1和附表2.1.1计算，以1995年价为基础。

附表2.3.2　　物质资本宏观回报水平（2）（1995—2009年）　　单位：亿元

年份	1995	1996	1997	1998	1999	2000	2001	2002
全国	71824107	79602906	92946304	112463208	136902963	163657217	195049663	235973370
北京	1988694	2203721	2572831	3112844	3789114	4529400	5397959	6530253

年份	1995	1996	1997	1998	1999	2000	2001	2002
天津	1797521	1992862	2327499	2816791	3429491	4100286	4887351	5913332
河北	3170228	3512569	4100282	4960235	6037107	7216048	8599513	10403291
山西	1649681	1828795	2135699	2584444	3146336	3761439	4483141	5423904
内蒙古	2101703	2330692	2722592	3295434	4012654	4797869	5719196	6920030
辽宁	2731266	3026571	3533435	4274992	5203550	6219906	7412434	8967124
吉林	1687720	1871353	2185861	2645620	3221253	3851420	4590830	5554665
黑龙江	2044459	2265533	2644905	3199885	3894893	4655657	5548261	6711971
上海	2720005	3012491	3515844	4252907	5176181	6186858	7372784	8918962
江苏	7438086	8244582	9627258	11649411	14181682	16953970	20206947	24447332
浙江	4851198	5375813	6276279	7593508	9242919	11048278	13166486	15927839
安徽	2020128	2239123	2614630	3163872	3851686	4604623	5488092	6639746
福建	2283962	2530547	2953940	3573367	4349111	5198339	6194863	7494108
江西	1601384	1775403	2073533	2509408	3055141	3652591	4353568	5267198
山东	7095584	7863904	9181642	11109068	13522364	16164123	19263971	23304816
河南	3536574	3919856	4577076	5538394	6742297	8060204	9606589	11622480
湖北	2624785	2909301	3397219	4110856	5004491	5982832	7130813	8627432
湖南	2311387	2562160	2992124	3620857	4408108	5269930	6281150	7599384
广东	7113273	7882405	9202795	11134230	13552610	16199920	19306166	23355764
广西	1197052	1326682	1549108	1874431	2281815	2727837	3251190	3933446
海南	282867	313479	366068	442999	539318	644765	768494	929800
重庆	1253674	1389557	1621631	1962598	2389562	2857024	3405489	4120373
四川	2929689	3247583	3794279	4591311	5589398	6682013	7964092	9635420
贵州	618253	685332	800314	968448	1178977	1409412	1679730	2032146
云南	977824	1083518	1264959	1530393	1862857	2226836	2653943	3210775
西藏	60305	66820	78007	94374	114861	137282	163582	197866
陕西	1855081	2057143	2403016	2908551	3541513	4234526	5047682	6107636
甘肃	629417	697614	814569	985611	1199773	1434229	1709332	2067982
青海	216708	240270	280636	339648	413545	494428	589314	713018
宁夏	272800	302521	353392	427752	520849	622769	742353	898238
新疆	761705	844025	985364	1192165	1451162	1734651	2067284	2500954

续表

年份	2003	2004	2005	2006	2007	2008	2009
全国	279825717	323190310	380971711	450365468	515758421	584548529	706355160
北京	7743582	8943457	10542530	12462697	14272127	16176763	19548845
天津	7012824	8100283	9549209	11289639	12929820	14654788	17708042
河北	12336119	14247279	16793842	19851944	22733409	25764211	31131038
山西	6432000	7428903	8757225	10353108	11857034	13439209	16239950
内蒙古	8206791	9479227	11174323	13210359	15129077	17147500	20720916
辽宁	10632957	12279834	14474048	17109276	19591858	22202670	26827351
吉林	6587663	7609347	8970339	10604782	12144346	13763368	16630697
黑龙江	7959080	9192329	10835654	12809891	14670393	16627609	20092413
上海	10575791	12214015	14397235	17019236	19490223	22090390	26695281
江苏	28990703	33484012	39471071	46662235	53439604	60569812	73194552
浙江	18886440	21812156	25711392	30395237	34810202	39455919	47681779
安徽	7873829	9094122	10720011	12672712	14512296	16447177	19873577
福建	8886343	10262984	12097413	14300133	16374943	18557815	22424571
江西	6246176	7214318	8504270	10053310	11513292	13048568	15766978
山东	27634180	31915322	37619670	44470801	50928418	57721950	69751627
河南	13782689	15918874	18764851	22183171	25403810	28791490	34790451
湖北	10231413	11817646	13931260	16470258	18863171	21379922	25835001
湖南	9012141	10409227	12270721	14506499	16613269	18829392	22753052
广东	27695111	31986287	37704532	44572887	51045698	57855812	69913906
广西	4664544	5387430	6350546	7506994	8596375	9742172	11770636
海南	1102638	1273568	1501339	1774927	2032761	2303917	2784002
重庆	4886458	5644010	6653386	7865223	9007002	10208028	12335047
四川	11426501	13197882	15558097	18391887	21062114	23870489	28841576
贵州	2409826	2783355	3281132	3878994	4442337	5034918	6084213
云南	3807437	4397414	5183466	6127303	7016587	7952005	9608779
西藏	234597	270912	319329	377419	432150	489748	591814
陕西	7243573	8367060	9863930	11661528	13355065	15136399	18290274
甘肃	2452328	2832429	3338932	3947434	4520817	5123892	6191475
青海	845610	976749	1151500	1361330	1559077	1767122	2135424
宁夏	1065269	1230473	1450608	1715035	1964217	2226262	2690236
新疆	2965646	3425163	4037554	4773089	5466230	6195357	7486627

注：附表 2.3.2 根据附表 2.2.1 和附表 2.1.2 计算，以 1995 年价为基础。

4. 物质资本回报率

附表 2.4.1　　　　　　　　　我国物质资本的宏观回报率

年份	全国	北京	辽宁	上海	江苏	安徽	山东	河南	湖北	湖南	广东	贵州	甘肃
1995	863	602	593	475	1070	382	1127	988	877	948	705	794	757
1996	751	531	551	393	925	323	1005	850	742	824	634	708	674
1997	713	507	546	368	867	305	960	792	691	797	627	677	643
1998	711	510	569	370	856	302	965	787	681	804	645	667	634
1999	730	527	603	388	878	307	984	818	691	827	673	672	634
2000	746	542	631	407	901	306	995	841	702	842	698	661	637
2001	764	555	659	429	931	304	1016	868	718	858	726	636	641
2002	794	575	700	461	971	305	1045	911	752	890	770	628	659
2003	800	583	720	486	960	296	1014	925	778	908	794	613	666
2004	783	580	704	498	930	283	958	907	781	894	797	593	659
2005	776	592	685	521	915	279	913	886	800	892	815	590	667
2006	768	606	658	547	901	278	882	850	814	894	837	589	679
2007	733	598	608	556	858	271	840	778	792	859	833	566	666
2008	687	597	548	559	804	265	790	700	753	802	818	535	639
2009	682	633	531	606	806	277	793	669	747	785	856	532	638

注：物质资本回报率＝物质资本回报/物质资本投资成本。

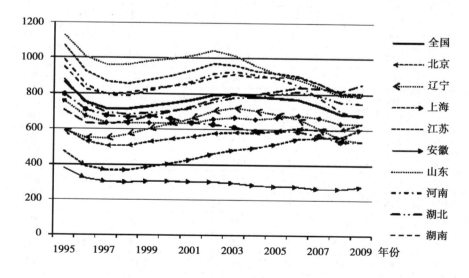

附图 2.4.1　物质资本回报率的变动

5. 物质资本总收益估算中的基础数据

附表 2.5.1　　未经调整的物质资本收入（1995—2009 年）　　　单位：亿元

年份	1995	1996	1997	1998	1999	2000	2001	2002
全国	15963	23340	26203	27699	29875	33501	36804	41348
北京	427	576	642	757	826	1044	1168	1358
天津	301	423	443	443	453	592	684	803
河北	758	1221	1442	1560	1654	1950	2112	2485
山西	300	452	525	562	556	604	650	698
内蒙古	231	334	339	307	328	369	424	498
辽宁	961	1245	1387	1484	1701	1899	2143	2284
吉林	268	349	388	400	453	600	548	620
黑龙江	667	816	939	980	1035	1344	1444	1519
上海	935	1296	1457	1610	1718	1851	1996	2181
江苏	1545	2222	2429	2670	2943	3294	3610	4075
浙江	1056	1732	1867	2063	2246	2181	2529	2970
安徽	529	660	1019	918	959	979	1063	1182
福建	643	997	1160	1274	1365	1644	1803	1951
江西	228	423	431	513	555	573	623	742
山东	1535	2662	2780	2922	3089	3253	3540	3958
河南	546	829	965	1217	1214	1356	1430	1675
湖北	691	802	899	960	1043	1071	1264	1352
湖南	387	651	715	792	830	939	998	1118
广东	1587	2245	2583	2417	2745	3270	3843	4262
广西	282	414	410	413	462	506	443	535
海南	98	119	125	128	142	160	169	187
重庆	—	—	447	425	448	515	569	658
四川	818	1314	1094	1063	1132	1278	1365	1533
贵州	108	136	151	145	155	205	282	325
云南	314	475	475	510	533	606	651	707
西藏	8	12	17	30	33	32	38	43
陕西	239	329	382	395	453	420	454	596
甘肃	152	211	246	278	295	304	280	303
青海	46	51	50	62	63	75	86	100

续表

年份	1995	1996	1997	1998	1999	2000	2001	2002
宁夏	53	55	59	56	62	71	80	92
新疆	250	290	340	343	384	516	515	538

年份	2003	2004	2005	2006	2007	2008	2009
全国	48916	84553	87982	104504	125265	125265	139473
北京	1712	2616	2755	3212	3895	3895	4058
天津	984	1734	1805	2201	2568	2568	3526
河北	2993	4154	4620	5626	6453	6453	5668
山西	1023	1960	2038	2315	2934	2934	2855
内蒙古	644	1791	1863	2289	3225	3225	3927
辽宁	2536	2982	3216	3818	4700	4700	5261
吉林	709	1435	1480	1824	2379	2379	3265
黑龙江	1711	2631	2780	3182	3606	3606	4000
上海	2488	4372	4466	4986	5855	5855	6228
江苏	4775	7725	8230	9511	11976	11976	14018
浙江	3621	5609	6192	7112	8513	8513	10467
安徽	1337	2116	2192	2518	3072	3072	3565
福建	2145	2555	2812	3264	4051	4051	4173
江西	892	1679	1709	1974	2318	2318	3048
山东	4661	9053	9350	11359	12702	12702	13740
河南	1957	4480	4625	5768	6819	6819	6652
湖北	1553	2545	2627	3342	3952	3952	4927
湖南	1239	2680	2735	3042	3696	3696	4539
广东	5239	9907	10494	12350	14632	14632	15612
广西	693	1597	1638	2100	2532	2532	2173
海南	212	330	349	429	544	544	539
重庆	758	1130	1190	1374	1609	1609	2309
四川	1729	2836	2932	3683	4449	4449	5125
贵州	393	761	773	914	1073	1073	1234
云南	777	1131	1164	1374	1650	1650	1848
西藏	62	97	102	118	142	142	127
陕西	708	1566	1594	2077	2611	2611	3101
甘肃	456	738	757	878	1108	1108	1374
青海	118	215	220	265	327	327	341
宁夏	117	230	235	277	373	373	480
新疆	675	990	1037	1319	1500	1500	1294

附表 2.5.2　　　　调整后的物质资本收入（2004—2009 年）　　　　单位：亿元

年份	2004	2005	2006	2007	2008	2009
全国	76792	80221	94674	112618	116142	128679
北京	2376	2515	2893	3528	3686	3865
天津	1564	1636	1989	2229	2367	3220
河北	3330	3796	4579	5325	5919	4974
山西	1798	1876	2113	2593	2702	2637
内蒙古	1527	1599	1957	2730	2803	3328
辽宁	2676	2911	3462	4181	4170	4678
吉林	1287	1331	1639	2109	2100	2814
黑龙江	2309	2459	2809	3181	3304	3651
上海	4198	4292	4801	5619	5670	6028
江苏	6579	7084	8283	10361	10929	12680
浙江	4608	5191	5866	7017	7703	9394
安徽	1970	2046	2338	2870	2920	3398
福建	2200	2458	2833	3452	3532	3535
江西	1554	1584	1821	2131	2180	2894
山东	8058	8355	10073	11227	11594	12497
河南	3947	4092	5065	5955	6294	6140
湖北	2351	2432	3074	3604	3682	4579
湖南	2484	2539	2829	3442	3421	4191
广东	8550	9136	10729	12457	12984	13918
广西	1455	1497	1896	2266	2323	2045
海南	297	316	385	478	505	500
重庆	1030	1090	1270	1458	1503	2142
四川	2625	2721	3359	4047	4199	4810
贵州	735	748	879	1026	1042	1205
云南	1070	1102	1291	1545	1578	1760
西藏	87	92	104	122	137	123
陕西	1470	1497	1944	2440	2459	2976
甘肃	697	716	833	1043	1071	1323
青海	203	207	252	314	313	328
宁夏	214	219	252	337	354	449
新疆	903	950	1202	1369	1383	1212

附表 2.5.3　　根据经济普查数据调整的个体经济就业人数（2004—2009 年）

单位：万人

年份	2004	2005	2006	2007	2008	2009
全国	9422	10066	10598	11290	8195	9343
北京	109	133	154	162	97	103
天津	56	56	57	81	56	61
河北	803	849	891	868	421	751
山西	177	170	185	249	173	198
内蒙古	198	209	223	238	206	242
辽宁	316	314	308	357	369	429
吉林	171	189	190	201	217	260
黑龙江	242	255	256	267	191	204
上海	49	50	51	53	42	46
江苏	656	843	791	807	547	649
浙江	730	747	840	914	505	547
安徽	336	350	370	351	263	283
福建	334	350	366	405	365	501
江西	192	215	232	241	180	205
山东	749	793	841	869	664	756
河南	834	886	911	952	584	672
湖北	319	340	343	375	303	353
湖南	380	381	386	380	419	428
广东	800	924	1012	1143	896	948
广西	314	336	356	389	310	328
海南	67	60	65	90	52	65
重庆	213	211	194	229	165	193
四川	531	576	688	722	460	512
贵州	126	119	138	153	103	114
云南	200	232	262	273	192	217
西藏	27	32	37	46	12	13
陕西	193	185	190	193	174	109
甘肃	138	122	125	138	80	93
青海	26	29	24	21	22	24
宁夏	39	44	53	58	29	38
新疆	98	100	103	104	95	99

　　注：根据第一次和第二次经济普查数据对《中国统计年鉴》中提供的个体经济就业人数进行调整。

附表 2.5.4   就业总人数（2004—2009 年）   单位：万人

年份	2004	2005	2006	2007	2008	2009
全国	75200	75825	76400	76990	77480	77995
北京	895	920	946	1111	1174	1255
天津	422	427	432	433	503	507
河北	3416	3467	3519	3567	3652	3900
山西	1475	1476	1478	1550	1583	1600
内蒙古	1019	1041	1064	1082	1103	1142
辽宁	1952	1979	2006	2071	2098	2190
吉林	1116	1099	1083	1096	1144	1185
黑龙江	1623	1626	1628	1660	1670	1687
上海	812	856	902	877	896	929
江苏	3720	3878	4042	4193	4384	4536
浙江	3092	3203	3318	3615	3692	3825
安徽	3453	3485	3516	3598	3595	3690
福建	1818	1868	1921	1999	2080	2169
江西	2040	2107	2177	2196	2223	2244
山东	4940	5111	5288	5262	5352	5450
河南	5587	5662	5738	5773	5835	5949
湖北	2589	2676	2767	2763	2876	3024
湖南	3600	3658	3718	3749	3811	3908
广东	4316	4702	5123	5293	5478	5643
广西	2649	2703	2758	2760	2807	2863
海南	367	378	389	415	412	431
重庆	1689	1721	1753	1790	1837	1878
四川	4503	4604	4706	4779	4874	4945
贵州	2169	2216	2264	2283	2302	2341
云南	2401	2461	2523	2601	2679	2730
西藏	135	140	146	154	160	169
陕西	1885	1883	1881	1922	1947	1919
甘肃	1322	1348	1374	1374	1389	1407
青海	263	268	272	276	277	286
宁夏	298	300	301	309	304	329
新疆	744	764	785	801	814	829

注：就业总人数来自历年《中国统计年鉴》。

参考文献

白重恩、谢长泰、钱颖一：《中国资本回报率》，《比较》，中信出版社 2007 年版。

白重恩、钱震杰：《国民收入的要素分配：统计数据背后的故事》，《经济研究》2009 年第 3 期。

白重恩、钱震杰：《我国资本收入份额影响因素及变化原因分析——基于省际面板数据的研究》，《清华大学学报》（哲学社会科学版）2009 年第 24 期。

白重恩、钱震杰：《谁在挤占居民的收入——中国国民收入分配格局分析》，《中国社会科学》2009 年第 5 期。

白雪梅：《教育与收入不平等：中国的经验研究》，《管理世界》2004 年第 6 期。

蔡昉、杨涛：《城乡收入差异的政治经济学》，《中国社会科学》2000 年第 4 期。

蔡昉：《城乡收入差距与制度变革的临界点》，《中国社会科学》2003 年第 5 期。

蔡昉、王德文：《中国经济增长可持续性与劳动贡献》，《经济研究》1999 年第 10 期。

蔡昉：《中国经济转型 30 年：1978—2008》，社会科学文献出版社 2009 年版。

蔡昉：《三农、民生与经济增长：中国特色改革与发展探索》，北京师范大学出版社 2010 年版。

蔡昉、万广华：《中国转轨时期收入差距与贫困》，社会科学文献出版社 2006 年版。

蔡昉、王德文、都阳、张车伟、王美艳：《农村发展与增加农民收入》，中国劳动社会保障出版社 2005 年版。

蔡继明：《中国城乡比较生产力与相对收入差别》，《经济研究》1998 年第 1 期。

蔡继明：《缩小城乡居民收入差距的根本途径和制度保障》，《中国党政干部论坛》2010 年第 6 期。

陈浩：《人力资本对经济增长影响的结构分析》，《数量经济技术经济研究》2007 年第 8 期。

陈秀山、张若：《异质性人力资本在区域经济发展差距中的贡献研究》，《经济学动态》2006 年第 3 期。

陈宗胜：《经济发展中的收入分配》，上海三联书店、上海人民出版社 1994 年第 1 版。

陈宗胜：《改革、发展与收入分配》，复旦大学出版社 1999 年版。

陈宗胜、钟茂初、周云波：《中国二元经济结构与农村经济增长和发展》，经济科学出版社 2008 年版。

陈钊、万广华、陆铭：《行业间不平等：日益重要的城镇收入差距成因——基于回归方程的分解》，《中国社会科学》2010 年第 3 期。

崔军：《调节居民收入分配的财政制度安排》，经济科学出版社 2011 年版。

常修泽：《中国分配制度改革的三个提升——防止陷入拉萨尔的"分配窄圈"》，《学术月刊》2010 年第 4 期。

陈钊、万广华、陆铭：《行业间不平等：日益重要的城镇收入差距成因——基于回归方程的分解》，《中国社会科学》2010 年第 3 期。

迟福林：《政府转型与收入分配制度改革》，《科学决策》

2006 年第 10 期。

　　［美］道格拉斯·诺思：《制度、制度变迁与经济绩效》，杭行译，上海人民出版社 2008 年版。

　　邓曲恒：《教育、收入与收入差距——中国农村的经验分析》，上海人民出版社 2009 年版。

　　戴园晨、黎汉民：《工资侵蚀利润——中国经济体制改革中的潜在危险》，《经济研究》1988 年第 6 期。

　　代谦、别朝霞：《FDI、人力资本积累与经济增长》，《经济研究》2006 年第 4 期。

　　代谦、别朝霞：《外国直接投资、人力资本与经济增长：来自中国的数据》，《经济评论》2006 年第 4 期。

　　代谦、别朝霞：《人力资本、动态比较优势与发展中国家产业结构升级》，《世界经济》2006 年第 11 期。

　　丁栋虹：《从人力资本到异质性人力资本与同质性人力资本》，《理论前沿》2001 年第 5 期。

　　丁栋虹：《对企业性质的一个总结性诠释》，《河北经贸大学学报》1999 年第 1 期。

　　丁栋虹：《企业家主导下的企业合约模式研究》，《中国工业经济》2002 年第 5 期。

　　丁梓楠：《基于不同产业劳动报酬差异研究》，博士学位论文，辽宁大学，2009 年。

　　董保华：《劳资博弈之道——兼谈劳动合同立法博弈中"强资本、弱劳工"的观点》，《社会科学家》2009 年第 1 期。

　　范道津等：《基于异质性人力资本集聚的区域经济发展模式研究》，《科技进步与对策》2008 年第 1 期。

　　冯文荣、赖德胜、李由：《中国个人收入分配纲论》，北京师范大学出版社 1996 年版。

　　尹恒、龚六堂、邹恒甫：《收入分配不平等与经济增长：回到库兹涅茨假说》，《经济研究》2005 年第 4 期。

龚刚、杨光：《从功能性收入看中国收入分配的不平等》，《中国社会科学》2010年第2期。

龚刚、杨光：《论工资性收入占国民收入比例的演变》，《管理世界》2010年第5期。

谷红欣：《中国当代收入分配思想演变研究》，博士学位论文，复旦大学，2006年。

郭继强：《中国城市次级劳动力市场中民工劳动供给分析——兼论向右下方倾斜的劳动供给曲线》，《中国社会科学》2005年第5期。

郭继强：《人力资本投资的结构分析》，《经济学（季刊）》2005年第4期。

郭继强：《中国农民工城乡双锁定工资决定模型》，《中国农村经济》2007年第10期。

郭继强：《工资、就业与劳动供给》，商务印书馆2008年版。

国家统计局：《中国国民经济核算体系2002》，中国统计出版社2003年版。

国家统计局国民经济核算司：《中国经济普查年度国内生产总值核算方法》，中国统计出版社2007年版。

国家发改委宏观经济研究院课题组、辛小柏：《公共服务支出对收入差距调节的贡献》，《经济学动态》2008第9期。

何平、李实、王延中：《中国发展型社会福利体系的公共财政支持研究》，《财政研究》2009年第6期。

贺砾辉、谢良：《创新型人力资本的定义及测度》，《当代教育论坛》2007年第10期。

胡鞍钢：《个税严重"缺位"的思考》，《南风窗》2002年第8期。

胡兵、胡宝娣、赖景生：《经济增长、收入分配对农村贫困变动的影响》，《财经研究》2005年第8期。

胡永远、刘智勇：《不同类型人力资本对经济增长的影响》，《人口与经济》2004 年第 2 期。

华萍：《不同教育水平对全要素生产率增长的影响——来自中国省份的实证研究》，《经济学（季刊）》2005 年第 4 期。

黄金辉：《人力资本促进经济增长的机理分析：国外研究述评》，《学习与探索》2007 年 5 期。

黄勇峰：《中国制造业资本存量永续盘存法估计》，《经济学（季刊）》2002 年第 2 期。

侯亚非、王金营：《人力资本与经济增长方式转变》，《人口研究》2001 年第 3 期。

黄祖辉、王敏、万广华：《我国居民收入不平等问题：基于转移性收入角度的分析》，《管理世界》2003 年第 3 期。

纪玉山、张洋、代栓平：《技术进步与居民收入分配差距》，《当代经济研究》2005 年第 5 期。

贾康、程瑜：《论"十二五"时期的税制改革——兼谈对结构性减税与结构性增税的认识》，《税务研究》2011 年第 1 期。

金人庆：《完善公共财政制度，逐步实现基本公共服务均等化》，《求是》2006 年第 22 期。

靳卫东：《公共财政政策、人力资本投资与收入差距》，《经济体制改革》2006 年第 5 期。

［美］克拉克：《财富的分配》，陈福生、陈振骅译，商务印书馆 1983 年版。

赖德胜：《专用性人力资本、劳动力转移与区域经济发展》，《中国人口科学》2006 年第 1 期。

乐君杰：《中国农村劳动市场的经济学分析》，浙江大学出版社 2006 年版。

李稻葵：《大国发展战略：探寻中国经济崛起之路》，北京大学出版社 2007 年版。

李稻葵、刘霖林、王红领：《GDP 中劳动份额演变的 U 形规律》，《经济研究》2009 年第 1 期。

李海峥、梁玲、B. Fraumeni、刘智强、王小军：《中国人力资本测度与指数构建》，《经济研究》2010 年第 8 期。

李金亮：《按要素分配更能体现效率和公平》，《南方日报》2002 年 11 月 20 日。

李实、史泰丽、别雍·古斯塔夫森：《中国居民收入分配研究 Ⅲ》，北京师范大学出版社 2008 年版。

李实、张平、魏众、仲济垠：《中国居民收入分配实证分析》，社会科学文献出版社 2000 年版。

李实、佐藤宏：《经济转型的代价：中国城市失业、贫困、收入差距的经验分析》，中国财政经济出版社 2004 年版。

李实、丁赛：《中国城镇教育收益率的长期变动趋势》，《中国社会科学》2003 年第 6 期。

李实：《我国市场化改革与收入分配》，《上海金融学院学报》2010 年第 2 期。

李涛：《劳动分工与经济增长——杨小凯的增长模型评价》，《数量经济技术经济研究》1996 年第 8 期。

李扬：《收入功能分配的调整：对国民收入分配向个人倾斜现象的思考》，《经济研究》1992 年第 7 期。

李永友、沈坤荣：《财政支出结构、相对贫困与经济增长》，《管理世界》2007 年第 11 期。

李楠：《我国收入分配制度的演进及其对收入差距变动的影响》，《江汉论坛》2005 年第 2 期。

李培林：《中国改革以来阶级阶层结构的变化》，《黑龙江社会科学》2011 年第 1 期。

李忠民：《人力资本：一个理论框架及对中国问题的解释》，经济科学出版社 1999 年版。

林毅夫、蔡昉、李周：《中国的奇迹：发展战略与经济改革》，上海三联书店、上海人民出版社 1999 年版。

林毅夫：《中国经济专题》，北京大学出版社 2008 年版．

林毅夫、潘士远：《技术进步越快越好吗?》，《中国工业经济》2005 年第 10 期。

林毅夫、张鹏飞：《后发优势、技术引进和落后国家的经济增长》，《经济学（季刊）》2005 年第 10 期。

林毅夫、龚强：《发展战略与经济制度选择》，《管理世界》2010 年第 3 期。

林志伟：《我国异质性人力资本与经济增长的关系》，《山西财经大学学报》2006 年第 5 期。

林伯强：《中国的政府公共支出与减贫政策》，《经济研究》2005 年第 1 期。

刘海英、赵英才、张纯洪：《人力资本"均化"与中国经济增长质量关系研究》，《管理世界》2004 年第 11 期。

刘善球：《科技型企业家隐形资本研究》，博士学位论文，中南大学，2005 年。

刘拥军、薛敬孝：《加速农业市场化进程是增加农民收入的根本途径》，《经济学家》2003 年第 1 期。

刘智勇、胡永远、易先忠：《异质性人力资本对经济增长的作用机制检验》，《数量经济技术经济研究》2008 年第 4 期。

罗长远、张军：《经济发展中的劳动报酬占比：基于中国产业数据的实证研究》，《中国社会科学》2009 年第 4 期。

罗长远、张军：《劳动报酬占比下降的经济学解释——基于中国省级面板数据的分析》，《管理世界》2009 年第 5 期。

潘士远：《最优专利制度、技术进步方向与工资不平等》，《经济研究》2008 年第 1 期。

潘士远、金戈：《发展战略、产业政策与产业结构变迁——中国的经验》，《世界经济文汇》2008 年第 1 期。

潘士远：《技术选择、工资不平等与经济发展》，浙江大学出版社 2009 年版。

彭国华：《我国地区全要素生产率与人力资本构成》，《中国工业经济》2007年第2期。

彭国华：《双边国际贸易引力模型中地区生产率的经验研究》，《经济研究》2007年第8期。

钱雪亚、刘杰：《中国人力资本水平实证研究》，《统计研究》2004年第3期。

钱雪亚等：《中国人力资本水平再估算：1995—2005》，《统计研究》2008年第12期。

钱雪亚：《人力资本水平：方法与实证》，商务印书馆2011年版。

钱雪亚：《人力资本水平统计估算》，《统计研究》2012年第8期。

乔明睿等：《劳动力市场分割：户口与城乡就业差异》，《中国人口科学》2009年第1期。

权衡：《转型时期中国经济增长的收入分配效应及其机理分析》，《上海经济研究》2002年第2期。

权衡：《流入流动与自由发展——上海城乡居民收入分配与收入流动性分析》，上海三联书店2008年版。

［日］青木昌彦：《经济体制的比较制度分析》，魏加宁等译，中国发展出版社2005年版。

冉茂盛、毛战宾：《人力资本对经济增长的作用机理分析》，《重庆大学学报》（人文与社会科学版）2008年第1期。

任太增：《城乡偏向制度下的城乡收入差距研究》，博士学位论文，华中科技大学，2008年。

舒尔茨：《论人力资本投资》，北京经济学院出版社1990年版。

苏燕平、谷小勇、杨学军：《农民工就业弱势的劳动力产权分析》，《农业经济》2010年第5期。

孙百才：《中国教育扩展与收入分配研究》，博士学位论文，北京师范大学，2005 年。

孙洛平：《收入分配原理》，上海人民出版社 1996 年版。

[美] 戈登·图洛夫：《收入再分配的经济学》，范飞、刘琨译，上海人民出版社 2008 年版。

孙文凯、肖耿、杨秀科：《资本回报率对投资率的影响：中美日比较研究》，《世界经济》2010 年第 6 期。

万广华：《经济发展与收入不均等：方法和证据》，上海三联书店、上海人民出版社 2006 年版。

王德劲、向蓉美：《我国人力资本存量估算》，《统计与决策》2006 年第 10 期。

王金营：《制度变迁对人力资本和物质资本在经济增长中作用的影响》，《中国人口科学》2004 年第 4 期。

王乔、汪柱旺：《我国现行税制结构影响居民收入分配差距的实证分析》，《当代财经》2008 年第 2 期。

王少平、欧阳志刚：《我国城乡收入差距的度量及其对经济增长的效应》，《经济研究》2007 年第 10 期。

王小鲁、樊纲：《中国收入差距的走势和影响因素分析》，《经济研究》2005 年第 10 期。

王亚芬、肖晓飞、高铁梅：《我国收入分配差距及个人所得税调节作用的实证分析》，《财贸经济》2007 年第 4 期。

魏茨曼：《收入、财富和最大值原理》，上海财经出版社 2008 年版。

魏后凯：《中国地区发展：经济增长、制度变迁与地区差异》，经济管理出版社 1997 年版。

魏丽萍：《异质性人力资本与经济增长理论及实证研究》，中国财政经济出版社 2005 年版。

魏丽萍：《人力资本与经济增长关系研究》，厦门大学博士论文 2001 年。

魏下海、李树培：《人力资本、人力资本结构与区域经济增长——基于分位数回归方法的经验研究》,《财贸研究》2009 年第 5 期。

卫兴华等:《中国经济增长方式的选择与转换途径》,《经济研究》2007 年第 7 期。

文魁、蒋东生:《中国工资运行机制改革研究》,《管理世界》1994 年第 2 期。

武力、温锐:《新中国收入分配制度的演变及绩效分析》,《当代中国史研究》,2006 年第 4 期。

万广华:《解释中国农村区域间收入不平等:一种基于回归方程的分解方法》,《经济研究》2004 年第 8 期。

王德文、蔡昉:《宏观经济政策调整与农民增收》,《中国农村观察》2003 年第 4 期。

肖文、周明海:《劳动报酬占比变动的结构因素——收入法 GDP 和资金流量表的比较分析》,《当代经济科学》2010 年第 3 期。

肖文、周明海:《贸易模式转变和劳动报酬占比下降》,《浙江大学学报》(人文社会科学版) 2010 年第 5 期。

肖延方:《马克思劳动力价值理论和农民工工资》,《当代经济研究》2007 年第 8 期。

谢嗣胜、姚先国:《农民工工资歧视的计量分析》,《中国农村经济》2006 年第 4 期。

向书坚:《中国收入分配格局研究》,中国财政经济出版社 2000 年版。

徐朝阳、林毅夫:《发展战略与经济增长》,《中国社会科学》2010 年第 3 期。

许和连等:《人力资本与经济增长研究进展述评》,《财经理论与实践》(双月刊) 2007 年第 1 期。

许彬:《分工演进与浙江经济》,《浙江社会科学》2003 年第 1 期。

严善平：《人力资本、制度与工资差别——对大城市二元劳动力市场的实证分析》，《管理世界》2007年第6期。

颜鹏飞、唐铁昂：《我国居民收入分配差距研究——兼评库兹涅茨的"倒U"理论》，《福建论坛》2002年第3期。

杨继军、张二震：《风险偏好、内生技术进步与工资不平等》，《经济评论》2009年第1期。

杨建芳、龚六堂、张庆华：《人力资本形成及其对经济增长的影响——一个包含教育和健康投入的内生增长模型及其检验》，《管理世界》（月刊）2006年第5期。

杨瑞龙：《国有企业双层分配合约下的效率工资假说及其检验——对"工资侵蚀利润"命题的质疑》，《管理世界》1998年第1期。

杨宜勇：《公平与效率：当代中国的收入分配问题》，今日中国出版社1997年版。

姚先国、郭继强：《劳动力产权与人力资源配置的制度安排》，《中国劳动科学》1997年第6期。

姚先国、赖普清：《中国劳资关系的城乡户籍差异》，《经济研究》2004年第7期。

姚先国、李晓华：《工资不平等的上升：结构效应与价格效应》，《中国人口科学》2007年第1期。

姚先国：《社会主义企业分配论》，浙江大学出版社1992年版。

姚先国：《劳动力产权与劳动力市场》，浙江大学出版社2006年版。

姚先国、郭继强、乐君杰、盛乐：《解放生产力：浙江劳动力市场变迁》，浙江大学出版社2008年版。

姚先国：《中国人力资本投资与劳动力市场管理》，中国劳动社会保障出版社2010年版。

姚先国、张海峰：《中国教育回报率估计及其城乡差异分析——以浙江、广东、湖南、安徽等省的调查数据为基础》，《财经论丛》（浙江财经学院学报）2004 年第 11 期。

杨俊、张宗益、李晓羽：《收入分配、人力资本与经济增长来自中国的经验：1995—2003》，《经济科学》2005 年第 5 期。

尹恒、龚六堂、邹恒甫：《收入分配不平等与经济增长：回到库兹涅茨假说》，《经济研究》2005 年第 4 期。

余长林：《人力资本投资结构及其经济增长效应——基于扩展 MRW 模型的内生增长理论与实证研究》，《数量经济技术研究》2006 年第 23 期。

岳希明、李实、史泰丽：《垄断行业高收入问题探讨》，《中国社会科学》2010 年第 3 期。

岳书敬、刘朝明：《人力资本与区域全要素生产率分析》，《经济研究》2006 年第 4 期。

曾世宏等：《低人力资本回报能否驱动产业结构演化升级》，《财经科学》2009 年第 6 期。

张超、陈璋：《"中国式技术进步"视角下的收入分配失衡》，《现代经济探讨》2011 年第 9 期。

张帆：《中国的物质资本和人力资本估算》，《经济研究》2000 年第 8 期。

张车伟：《人力资本回报率变化与收入差距："马太效应"及其政策含义》，《经济研究》2006 年第 12 期。

张车伟、薛欣欣：《国有部门与非国有部门工资差异及人力资本贡献》，《经济研究》2008 年第 4 期。

张维迎：《市场化改革和收入分配》，《经济观察报》2008 年 1 月 21 日，第 47 版。

张道根：《经济发展与收入分配——相关机制的系统分析》，上海社会科学院出版社 1993 年版。

张东生：《中国居民收入分配年度报告（2009）》，经济科学出版社 2009 年版。

张东生：《中国居民收入分配年度报告（2010）》，经济科学出版社 2010 年版。

张帆：《中国的物质资本和人力资本估算》，《经济研究》2000 年第 8 期。

张立群：《1992—1994 年我国经济增长的背景与前途》，《经济研究参考》1993 年 Z6 期。

张军、章元：《对中国资本存量 K 的再估算》，《经济研究》2003 年第 7 期。

张平：《增长与分享——居民收入分配理论和实证》，社会科学文献出版社 2003 年版。

张伟：《全面看待税收增长与宏观税负提高》，《经济日报》2002 年 12 月 23 日，第 T00 版。

赵人伟、李实：《中国居民收入分配再研究》，中国财政经济出版社 1999 年版。

赵人伟、李实：《中国居民收入差距的扩大及其原因》，《经济研究》1997 年第 9 期。

赵人伟、李实、卡尔·李思勤：《中国居民收入分配再研究：经济改革和发展中的收入分配》，中国财政经济出版社 1999 年版。

中国（海南）改革发展研究院：《中国收入分配改革路线图》，国家行政学院出版社 2010 年版。

郑功成：《收入分配改革与中国社会保障发展战略》，《中国社会保障》2010 年第 10 期。

周明海、肖文、姚先国：《中国经济非均衡增长和国民收入分配失衡》，《中国工业经济》2010 年第 6 期。

周明海、肖文、姚先国：《企业异质性、所有制结构与劳动收入份额》，《管理世界》2010 年第 10 期。

周小亮、孔令军：《体制改革绩效评价应从单一维度标准转向多元化标准》，《马克思主义研究》2010 年第 1 期。

周天勇：《结构转型缓慢、失业严重和分配不公的制度症结》，《管理世界》2006 年第 6 期。

周天勇：《劳动与经济增长》，上海人民出版社 1994 年版。

朱平芳、徐大丰：《中国城市人力资本的估算》，《经济研究》2007 年第 9 期。

朱晓明：《人力资本差异性与经济增长》，浙江大学博士论文 2005 年。

邹薇、代谦：《技术模仿、人力资本积累与经济赶超》，《中国社会科学》2003 年第 5 期。

邹薇、张芬：《农村地区收入差异与人力资本积累》，《中国社会科学》2006 年第 2 期。

Acemoglu and Robinson, "The Political Economy of the Kuznets Curve", *Review of Development Economics*, Vol. 6, No. 2, 2002, pp. 183-203.

Acemoglu, D., "Labor and Capital Augmenting Technical Change", *Journal of the European Economic Association*, Vol. 1, No.1, 2003, pp. 1-37.

Amparo Castello and Rafael Domenech, "Human Capital Inequality and Economic Growth: Some New Evidence", *The Economic Journal*, Conference Papers, No.112 2002, C187-C200.

Arrow, K. J. "The economic implications of learning by doing", *Review of Economic Studies*, Vol. 29, No.6, 1962a, pp.155-173.

Barro, R. J. "Economic Growth in a Cross Section of countries", *Quarter Journal of Economics*, Vol. 106, No.2, 1991, pp. 403-407.

Barro. R. J. "HumanCapital and Growth", *American Economic Review*, Vol. 2001, No.91, pp. 12-17.

Barro, Robert. J. and Jong-WhaLee, "International Comparisons of Educational Attainment", *Journal ofMonetary Economics*, Vol. 32,

No.3, 1993, pp. 363-394.

Becker, G. S. "Human Capital: a Theoretical and Empirical Analysis", *Columbia University Press*, New York, 1975.

Becker, G. S., Murphy, K. "The Division of Labor, Coordination Cost and Knowledge", *The Quarterly Journal of Economics*, Vol. 107, No.4, 1992, pp. 1137-1160.

Bentolina, S. and G. Saint-Paul. "Explaining Movements in Labor income share", *Contributions to Macroeconomics*, Vol. 3, No.1, 2003, pp.1103-1136.

Bernanke, B.S. and R.S. Gurkaynak, 2001, "Is Growth Exogenous? Taking Mankiw, Romer, and Weil Seriously", *NBER Macroeconomics Annual*, 16, pp.11-57.

Castello, A. and Domench, R. "Human Capital Inequality and Economic Growth: Some New Evidence", *The Economic Journal*, Vol.112, No.2, 2002, pp.187-200.

Cobb, C. W. and P. H. Douglas, "A Theory of Production", *American Economic Review*, 18 (Supplement), 1928, pp.139-165.

David Card, Alan B. Krueger, "Minimum Wages and Employment: A Case Study of the Fast-Food Industry in New Jersey and Pennsylvania: Reply", *The American Economic Review*, Vol. 90, No.5, 2000, pp.1397-1420.

David Neumark, William Wascher, "Minimum Wages and Employment: A Case Study of the Fast-Food Industry in New Jersey and Pennsylvania: Comment", *The American Economic Review*, Vol. 90, No.5, 2000, pp. 1363-1396.

Decreuse, B. and P. Maarek, "FDI and the Labor Share in Developing Countries: A Theory and Some Evidence", Working Paper, GREQAM, University of Aix-Marseilles, Vol. 23, No.10, 2008, pp. 112-124.

D. W. Jorgenson and B. M. Fraumeni, "The Accumulation of Human and Non－Human Capital: 1948－1984", in R. Lipsey and H. Tice eds., *The Measurement of Saving, Investment and Wealth*, Chicago, University of Chicago Press, 1989.

Eisner, R. "The total incomes system of accounts", *Survey of Current Business*, Vol. 65, No.1, 1985, pp. 24-48.

Hausmann, Ricardo, JasonHwangand DaniRodrik, "What You Export Matters", *Journal of Economic Growth*, Vol. 12, No. 1, 2007, pp.1-25.

J.W.Kendrick, "Total Capital and Economic Growth", *Atlantic Economic Journal*, Vol. 22, No.1, 1994, pp.56-89.

Kuznets, Simon, "Economic Growth and Income Inequality", *The American Economic Review*, Vol. 45, No.1, 1955, pp. 1-28.

Kreuger, A. B. "Measuring Labor's Share", *American Economic Review*, Vol. 89, No.2, 1999, pp.45-51.

Kuznets, Simon, "Economic Growth and Income Inequality", *American Economic Review*, Vol. 45, 1995, pp. 1-28.

Lewis, W. A. "Economic Development with Unlimited Supplies of Labour", *The Manchester School of Economic and Social Studies*, Vol. 22, No.2, 1954, pp. 139-191.

Lucas, R. E., "On the Mechanics of Economic Development", *Journal of Monetary Econom ics*, No. 22, 1988, pp. 4-22.

N.Gregory Mankiw; David Romer; David N.Weil, "A Contribution to the Empirics of Economic Growth", *The Quarterly Journal of Economics*, Vol. 107, No.2, 1992, pp.407-437.

N.Mankiw, D.Romer, D.Weil. "A Contribution to the Empirics of Economic Growth", *The Quarterly Journal of Economics*, Vol.107 No. 5, 1992, pp.407-437.

Paul M. Romer, "Human Capital and Growth: Theory and Evidence", NBER Working Paper, Working Paper, Vol. 32, No. 1, 1989, pp. 251-286.

Paul M. Romer, "Increasing Returns and Long-Run Growth", *The Journal of Political Economy*, Vol. 94, No. 5, 1986, pp. 1002-1037.

Robert E. Lucas, Jr. "On the Mechanics of Economic Development", *Journal of Monetary Economics*, Vol. 22, 1988, pp. 3-42.

Robert J. Barro, "Human Capital and Growth", *American Economic Association*, Vol.91, No. 2, 2001, pp. 12-17.

Paul M. Romer, "Increasing Returns and Long-Run Growth", *The Journal of Political Economy*, Vol. 94, No.5, 1986, pp. 1002-1037.

Romer, P. "Endogenous Technological Change", *Journal of Political Economy*, Vol. 98, No.5 1990: S71-S102.

Solow, R. "A Skeptical Note on the Constancy of Relative Shares," *American Economic Review*, Vol. 48, No.4, 1958, pp. 618-631.

Kaldor, N. "Capital Accumulation and Economic Growth," in F. A. Lutz and D. C. Hague, eds., The Theory of Capital. New York: St. Martin Press, 1961.

Lewis, W. Arthur, "Reflections on Unlimited Labour", *in International Economics and Development*, New York: Academic Press, 1972, pp. 75-96.

Lucas, R. "On the Mechanics of Economic Development", *Journal of Monetary Econom ics*, Vol. 22, No.1, 1998, pp. 3-42.

Mincer J. A., "Schooling, Experience, and Earnings", New York: Columbia University Press, 1974.

Robert J. Barro, "Human Capital and Growth", *the American Economic Review*, Vol. 91, No.2, 2001, pp.12-17.

Schultz, W. "Investment in Human Capital", *American Economic Review*, Vol. 51, No.3, 1961, pp. 1-17.

后　记

　　中国改革开放 40 年以来，经济发展成就举世瞩目，人均
GDP 已接近 1 万美元，步入中高收入国家行列。然而，"蛋糕"
做大了，怎么分"蛋糕"变得越来越重要。数据显示，我国居
民收入基尼系数在 20 世纪 90 年代中期就超过了 0.4 的警戒线，
并持续上升，中国正在从一个收入较为平等的国家转变为一个收
入差距非常大的国家。对此，当时中国学界有不同的看法，有些
经济学家认为，这是中国改革开放过程中必然出现的现象，在追
求效率和经济高增长阶段，收入差距扩大是一个不得不忍受而不
必过分忧虑的事情，而"库兹涅次曲线"恰好成为上述观点的
重要依据，该理论认为，经济增长最终会自发地导致更加公平的
收入分配，效率最终会带来公平。然而，完整的库兹涅茨理论认
为，收入差距并不会无条件地随着经济发展而先上升后下降，而
是当时一系列经济、政治、社会和人口条件等综合因素造成的。
作为发展中国家，我国有自身的独特特征，不可能像早期资本主
义那样听任收入差距扩大，"完全的自由市场"摒弃的"惩罚性
的累进税制和其他类似的东西"并适合我国目前发展阶段的国
情。因此，发挥政府的力量，在尊重市场经济发展规律的基础
上，探索应有的收入分配导向，促进经济发展的效率和公平兼
容，是一个重要课题，也是本书的撰写的初衷。

　　经过研究梳理，笔者发现，我国收入分配导向根据产业发展
重点，经历了按照分配——部分先富——按要素贡献分配的收入

分配政策导向演变，这一演变过程是与当时的产业发展导向相适应的，也是与当时经济增长的主要源泉有关。如今，经济增长源泉进一步发生了变化，由人力资本主导，因此，收入分配的发展导向应倾向于激励人力资本，收入分配应更多地倾向于人力资本而非物质资本。2013 年 2 月 5 日，国务院批转了发改委、财政部、人力资源和社会保障部《关于深化收入分配制度改革的若干意见》（以下简称《意见》），提出继续"完善劳动、资本、技术、管理等要素按贡献参与分配的初次分配机制"，并强调"完善高层次、高技能人才的激励机制"，这充分说明，我国已经意识到高层次、高技能人才对于实现分配优化与持续增长共赢的重要作用，并在政策上重视对高层次人力资本积累的激励。因此，本书也从打破行业垄断、发展现代服务业、进行差异化教育、废除制度性约束壁垒、优化人才环境、关注不同层次人力资本之间的收入差异等方面提出了我国收入分配导向改革的主要方向。

随着我国经济持续发展，"收入分配"仍旧是一个重要议题。市场经济条件下，收入分配差距在一段时期扩大并不意味着收入差距应随着市场化程度加深而不断扩大。现在世界上很多市场经济国家，特别是发达的市场经济国家，收入差距都不大，原因就在于当这些国家走向发达的市场经济的时候，逐步建立和完善了相关的体制和制度，如社会保障、公共服务、收入再分配等，这些制度如果比较完善，就会在一定程度抑制收入差距继续扩大。更为重要的是，从初次收入分配入手，规范人力资本收入和物质资本收入的导向性，市场准入制度、产业发展导向、教育培训、人才流动环境和尊重人才的社会氛围建立和完善之后，收入分配会在初次分配的环节上大幅度降低收入分配差距。

当然，笔者并未考虑"灰色收入""隐形收入"等难以统计的收入给收入差距带来的影响，由于"灰色收入"的存在扭曲了正常的要素报酬价格，会严重降低生产要素的使用效率，造成要素配置扭曲，从而影响经济发展。这些问题的存在，不是市场经济本身的原因，而是因为制度建设仍在某方面存在漏洞。要想解决问题，迫切需要进一步推进其他领域的改革，如严厉打击腐败、规范政府行为、构建完善的社会保障体制、保证教育的公平性等。只有全方位、多侧面地发力，才能保证我国收入分配差距尽早走出库兹涅茨假说，促进经济增长的公平与效率兼容。

李雪艳

2018 年 12 月 31 日